MANUEL OCAMPO, YURIXHI GALLARDO,
RAFAEL HURTADO *et al.*

CONSIDERACIONES FUNDAMENTALES PARA UNA ÉTICA PROFESIONAL

EDICIONES UNIVERSIDAD DE NAVARRA, S.A.
PAMPLONA

Serie: Antropología y Ética

Cupón para la Biblioteca Virtual

Accede a la versión eBook de este título por solo **1,99 €**. Con la compra de este libro puedes utilizar el siguiente cupón para la lectura en *streaming** desde la Biblioteca Virtual. **Sigue estas instrucciones** para visualizar tu libro:

1. Dirígete a la web de la Biblioteca Virtual en **https://ebooks.eunsa.es**.

2. En la web ve a **Iniciar sesión** e introduce tu email y contraseña. Si no estás registrado, deberás completar el proceso en **Registrarse**.

3. Tras registrarte, accede a la página del libro o lee el QR de esta página. Bajo el precio podrás **insertar el código oculto en el siguiente cupón para activar la promoción**.

Despegue para visualizar

Acceso directo al eBook

Canjéalo en ebooks.eunsa.es

*Con acceso a internet desde cualquier navegador.

© 2025. Manuel Ocampo, Yurixhi Gallardo, Rafael Hurtado *et al.*
Ediciones Universidad de Navarra, S.A. (EUNSA)
Campus Universitario • Universidad de Navarra • 31009 Pamplona • España
+34 948 25 68 50 • www.eunsa.es • eunsa@eunsa.es

ISBN 78-84-313-4038-4
DL NA 1091-2025

Fotografía cubierta
Freepik

Imprime Podiprint
Printed in Spain – Impreso en España

Índice

Introducción

El interés de las organizaciones acerca de la ética profesional va en aumento. Por un lado, nadie quiere padecer colaboradores que carecen de los estándares éticos mínimos que ponen en riesgo a la propia organización. Por otra parte, se ha identificado el alcance del ejercicio ético, más allá del mero cumplimiento normativo, con la excelencia personal que permite el desarrollo en todas sus dimensiones. Ante esto, las instituciones educativas juegan un papel crucial porque son un elemento del largo tejido que requiere la educación orientada a la excelencia personal y de las organizaciones. Por lo tanto, la educación universitaria no puede ser entendida sin considerar el actuar ético en un sentido amplio, más allá de pensar en satisfacer necesidades de profesionales éticos que requiere el mundo laboral, lo cual es indiscutible. La apuesta por la ética profesional es una apuesta por la excelencia de las personas y de las organizaciones. Siendo así, las instituciones educativas comprometidas con la excelencia se están planteando constantemente y con seriedad cuáles son las acciones concretas que pueden llevar a cabo para educar profesionales con un alto compromiso ético. Entre todas esas acciones, hay una que consideramos el punto de partida y la cual resulta imprescindible, precisamente porque obedece a la naturaleza de la universidad: la acción específica de pensar, estudiar, profundizar en el carácter científico de la ética profesional. Una vez que se tiene cierto conocimiento acerca de algo, será posible lanzarse al mundo de la transmisión y aplicación del conocimiento. En un mundo invadido de información, resulta cada vez más difícil discernir qué es lo verdadero en cualquier ámbito del conocimiento. Dicho problema lo enfrenta también la ética profesional. Como resultado, estamos ante la necesidad de pensar entre otros, los siguientes cuestionamientos: ¿Cómo dar respuesta a los problemas en el ámbito profesional acordes a la ética? ¿Todas las éticas tienen el mismo valor? ¿Por qué apostar por la ética realista? ¿Resulta vigente el planteamiento tomista a los problemas que hoy enfrenta la ética profesional? ¿Es posible compatibilizar un planteamiento filosófico con las aproximaciones que se hacen en el mundo profesional, entre ellas las que abordan a la ética como una competencia profesional? ¿Qué lugar ocupa la virtud de la justicia en el mundo de la ética profesional? ¿Qué lugar tiene la familia dentro del ámbito profesional?

Esta obra está dividida en tres grandes apartados. En el primer apartado, Manuel Ocampo fundamenta la aproximación a la ética profesional que guía este y otros trabajos: la ética realista. En un primer momento, explicando el complicado momento de pluralismo moral en el que nos encontramos y de ahí la necesidad de que la ética realista de razón y respuesta a los planteamientos en el ámbito de la ética profesional. En un segundo momento, explica aspectos relevantes de la ética realista. Podemos decir, que en la primera parte de la obra estamos enmarcando la discusión en un terreno, estamos dotando de lenguaje y marco referencial a la ética profesional para abordar después otros cuestionamientos específicos. Tal referencia resulta necesaria, en medio de la proliferación académica de discusiones en torno a la ética profesional, particularmente en su enseñanza y las medidas dentro de las organizaciones para impulsar el actuar ético de los profesionales. En la segunda parte de la obra, tratamos de construir un puente, una vez que se ha establecido el planteamiento del carácter científico de la ética, para vincularlo a las discusiones y aplicaciones actuales, entre ellas, poniendo el acento en la justicia, que había sido ya abordada previamente, y de la que ahora se destacan algunos matices del pensamiento aristotélico y tomista. Además, queremos enfatizar que, al hablar de ética profesional, es irrenunciable asumir la justicia como virtud configuradora de esta área del conocimiento. Expertos en ética, serán expertos en justicia. Por otro lado, se presenta la discusión actual de la ética como una competencia profesional. Damos cuenta de la posibilidad y limitaciones que esto tiene. En la tercera parte de la obra, se aborda la realidad de la familia porque no es posible asumir una ética profesional que busca la excelencia de las personas y de las organizaciones tratando de ignorar la realidad más cercana para todas las personas: su vida familiar. En este apartado se explica en primer lugar, el carácter natural de la familia y cómo resulta configuradora de la sociedad. Posteriormente, se aborda la responsabilidad familiar corporativa.

En las siguientes líneas sintetizo algunas ideas generales de cada uno de los capítulos. En la primera parte, denominada Ética Profesional: los sistemas éticos relativistas frente a la ética realista, Manuel Ocampo, analiza el carácter científico de la Ética realista, para lo cual presenta algunos sistemas éticos con la finalidad de concientizar acerca de la necesidad de una ética objetiva y realista. El punto de partida de su análisis es el reconocimiento del pluralismo doctrinal y, por lo tanto, a partir de dicho pluralismo sostiene la necesidad de una ética realista. El autor realiza un recorrido histórico de las concepciones éticas, parte de Grecia y de la antítesis entre naturaleza y ley, es decir, *nomos* y *physis*. Explica que la oposición entre naturaleza y ley se remonta a los sofistas. Entre los elementos que destaca en su recorrido histórico de la filosofía griega, cabe resaltar el planteamiento aristotélico donde la virtud resulta necesaria para garantizar la obra buena. También realiza un análisis sintético del pensamiento kantiano y explica que para Kant la razón práctica es la razón aplicada a la práctica moral, y lo que será bueno o malo será la voluntad del hombre. Sumado a esto, añade a Marx y puntualiza que el marxismo "descarta cualquier propuesta ética que intente rebasar la pura experiencia o lo que llaman metaempírica". Posteriormente, realiza una crítica al existencialismo, de quiénes señala se niegan a la abstracción de conceptos universales bajo el argumento de no considerar la riqueza de la individualidad de cada ser humano. El autor analiza el utilitarismo, el consecuencialismo y el proporcionalismo. Por lo que respecta al utilitarismo, subraya la consideración de que lo importante serán los resultados. Por último, explica la importancia del cristianismo a propósito de la ética profesional toda vez que advierte que en la modernidad y la postmodernidad el utilitarismo ha adquirido nueva fuerza bajo las teorías del consecuencialismo y el proporcionalismo.

En el segundo capítulo denominado "Fundamentos para una ética realista, bajo la perspectiva de Santo Tomás de Aquino", Manuel Ocampo subraya dos elementos del pensamiento tomista a propósito de los actos humanos: la educación en la virtud y el bien común. El autor ha dedicado estas páginas de la obra para explicar con detenimiento y de forma asequible para los lectores los principios del orden moral. En este sentido, explica que, a diferencia de Aristóteles, para Tomás de Aquino reconoce los principios primeros que se conforman a partir de las tendencias de la naturaleza humana, por lo tanto, contienen lo que es naturalmente justo para el hombre. Además, enfatiza el papel que tiene la virtud y, por lo tanto, el hombre virtuoso será el que actúe conforme a la recta razón. Explica la importancia de la virtud de la prudencia. Posteriormente, lleva a cabo algunas consideraciones éticas sobre la ley, el derecho y la justicia como elementos fundamentales de la ética general y aplicada. También explica la importancia que tiene el bien común y por qué este será el fundamento de la moral en general y de la ética realista, así como la obligación moral para contribuir a su consecución. En este mismo apartado, el autor advierte de un grave problema que el liberalismo ha producido y que consiste en que limita la ética al ámbito de lo individual y la política al ámbito de la comunidad sin que esta último tome en consideración el fin último del hombre.

En el tercer apartado, denominado "La virtud de la justicia: configuradora de la ética profesional", argumento por qué la ética profesional se sostiene en la ética de las virtudes. Dicho planteamiento, resulta compatible con la comprensión de la ética profesional como competencia, por ejemplo. Además, entre todas las virtudes la justicia y la prudencia tienen un lugar relevante. Al abordar la ética profesional, fácilmente las personas reconocen situaciones donde está en juego la justicia. De ahí la necesidad de dotar de elementos teóricos a los profesionales que les permitan discernir qué es lo justo y qué es lo injusto. Siguiendo la línea argumentativa de la obra que enfatiza el carácter científico de la ética, resulta necesario conocer qué es lo justo y qué es lo injusto. Las aportaciones de Aristóteles y de Tomás de Aquino dotan a los lectores de unas coordenadas claras en torno a esta virtud.

En el capítulo cuarto denominado: "Competencias éticas: un camino para la enseñanza de la ética profesional en México" junto con Francisco Pérez damos cuenta de algunos retos que presenta la ética profesional, entre ellos, que el abordaje de la ética profesional se hace ordinariamente desde las disciplinas o ámbitos específicos de conocimientos, dejando de lado el sustento filosófico en el que se sostiene la ética profesional como se ha explicado ya en apartados anteriores. Siendo así, en la primera parte, se analiza el alcance de la ética profesional desde una perspectiva filosófica; la segunda parte, presenta el contexto de la enseñanza de la ética profesional; la tercera parte aborda las competencias profesionales en la educación superior; la cuarta parte muestra un análisis de la ética profesional como una competencia con los retos y limitaciones que esto representa en el contexto educativo mexicano.

En el quinto capítulo titulado "Diálogo familia y sociedad: una aproximación relacional", Rafael Hurtado y Pablo Galindo Cruz señalan que la naturaleza humana reclama la existencia de la familia, asimismo la familia confirma la naturaleza humana. Advierten de la madurez que requieren los padres para desarrollar el proyecto común de familia, así como del grave peligro que representan para la familia el individualismo y el utilitarismo. Señalan la necesidad de entender el origen del ser humano para profundizar en el destino de las personas. Sostienen que las comunidades se articulan a partir de la familia y cómo a partir de esta se puede pensar en la sociedad.

En el sexto apartado Rafael Hurtado y Hugo Cruz analizan "La responsabilidad familiar corporativa: una aplicación de la ética empresarial", enfatizan la responsabilidad que tiene la empresa y que sintetizan en tres aspectos: estilo de liderazgo, cultura organizacional favorable y políticas de flexibilidad. Los autores sintetizan los beneficios que representa para la organización asumir estos aspectos. Hacen un recorrido histórico acerca del concepto responsabilidad social corporativa y responsabilidad familiar corporativa. Este último, resulta clave como bien señalan, para colocar a la empresa como actor decisivo en temas familiares.

Agradezco el impulso que la Universidad Panamericana a través del Instituto de Humanidades y de las áreas académicas está dando a la ética profesional desde diversos frentes. Profesionales éticos son aquellos que contribuyen al bien común con una actitud de servicio; son los que teniendo una sólida preparación académica –también en temas éticos– están capacitados para el ámbito laboral. Y sin duda, serán profesionales capaces de argumentar propuestas y soluciones concretas a problemas reales con una base filosófica cristiana. Estos altos ideales, son precisamente tres de los cuatro resultados de aprendizaje que se busca en los estudiantes de esta gran institución y con los cuáles, los profesores investigadores que estamos abocados a esta disciplina a la par de otras líneas de investigación, y que hemos conformado junto con otros colegas el Grupo de Investigación en Ética Profesional, estamos comprometidos. Mi agradecimiento y reconocimiento a Manuel Ocampo y Rafael Hurtado por tender puentes para pensar la ética profesional, así mismo a Pablo Galindo, Hugo Cruz y Francisco Pérez por su generoso tiempo y contribución a esta obra.

Dra. Yurixhi Gallardo Martínez
Zapopan, Jalisco. Mayo, 2025.

Ética Profesional: los sistemas relativistas frente a la ética realista

Dr. Manuel Ocampo Ponce*

La búsqueda para determinar un criterio sólido sobre la moralidad, es decir, sobre la bondad o maldad de los actos humanos, ha tenido una ardua trayectoria histórica de modo que al día de hoy tenemos muchas propuestas que prometen cientificidad. Sin embargo, al analizarlas observamos que estas son, en muchos de los casos, contradictorias. Lo anterior tiene como consecuencia que frecuentemente se dude sobre la legitimidad científica para determinar la bondad o maldad de los actos humanos. Es por esa razón que consideramos pertinente abordar el tema del carácter científico de la ética realista frente a los otros sistemas que tienen el común denominador del relativismo. Este capítulo tiene como objetivo presentar algunos sistemas éticos que se pueden considerar como representativos, para darnos una idea de la necesidad de una ética objetiva y realista.

* Doctor en Filosofía y Letras por la Universidad Anáhuac del Sur, Ciudad de México. Profesor investigador del Instituto de Humanidades en la Universidad Panamericana, Guadalajara, México. ORCID: http://orcid.org/0000-0003-2895-3340. Correo electrónico: maocampo@up.edu.mx.

1. Estado de la cuestión

En el caso de Occidente, la moral o las costumbres y muchas de las leyes han estado regidas durante mucho tiempo y en gran medida por la visión cristiana. No obstante, no podemos dejar de reconocer que hoy en día no hay uniformidad al respecto. El hombre actual, bajo los presupuestos del positivismo, del racionalismo, del idealismo, del contractualismo, del pragmatismo, etc., ha apostado a los principios de autonomía y libertad de modo que la ética o filosofía moral perenne es concebida, por muchos sectores, como legalista, fundamentalista o fuera de contexto. Es un hecho que hoy nos encontramos frente a un pluralismo doctrinal, con opiniones contradictorias que relativizan el hecho de un criterio universal y objetivo para determinar la bondad o maldad de los actos humanos. Esa visión relativista impacta no sólo a la ética general, sino a las éticas aplicadas o especiales, incluida la ética profesional. Esa es la razón por la que consideramos necesario presentar algunos elementos históricos que nos ayuden a comprender el contexto que justifica la necesidad de una ética realista en el ámbito de la ética general y de la ética profesional. Veremos el desarrollo de los fundamentos de la ética en el mundo griego y cristiano, para posteriormente abordar algunos de los sistemas modernos y contemporáneos que han contribuido al relativismo ético.

2. El mundo griego

Entre los planteamientos históricos sobre el criterio de moralidad, tenemos los que hunden sus raíces en la tradición griega que se remonta al siglo V a.C., y que se basan en el planteamiento de la antítesis entre la naturaleza y la ley. Por un lado, la ley (*nomos*) aprobada en base a las costumbres generalmente aceptadas por la sociedad, y por otra parte la naturaleza (*physis*), considerada como lo que permanece en el comportamiento de las cosas como un orden que comprende al mundo y al hombre. De hecho, vemos que los sofistas oponían el orden o la *physis* al *nomos,* que consideraban como un orden establecido por el hombre (Kirk et al., 2014 *Fragmentos de los presocráticos*, *Archelaos*, A.1.). Para algunos sofistas la naturaleza era desorden mientras para muchos otros esa naturaleza era lo que guiaba nuestra conducta. La época presocrática se caracteriza por un continuo choque de ideas que se confrontaban y se debatían públicamente en un contexto en el que los conceptos filosóficos apenas se estaban gestando. Esa fue la causa de que la sofística estuviera enmarcada dentro del relativismo, pues los sofistas seguían corrientes de pensamiento muy diversas con algunas ideas comunes bajo las cuales se pueden agrupar.

Los sofistas pretendían saberlo todo y seguir a los antiguos sabios, pero su ambición provocó una crisis intelectual debido a que se diferenciaron de los antiguos sabios en que daban prioridad al sujeto sobre el objeto de conocimiento. Esa prioridad condujo a la desviación de las ciencias respecto a sus objetos al considerar al sujeto como fin y medida de la realidad. El subjetivismo y el relativismo que los caracterizaba hicieron que el nombre de sofista, que no era peyorativo en esa época, en épocas posteriores adquiriera un sentido despectivo, pues no defendían la verdad sino el éxito en las discusiones.

Los sofistas promovieron también el escepticismo afirmando que nada podía conocerse con certeza. Mientras su estrategia era la casuística que aprovechaban para desviar las conclusiones según sus propios intereses, su finalidad era que sus discípulos ganaran pleitos y escalaran en cargos políticos y negocios. Lo anterior los llevó a quedar enmarcados dentro del utilitarismo: "El sofista enseña a cambio de dinero. A los atenienses, que aborrecían todo trabajo retribuido, les resultaban por lo menos extraños aquellos extranjeros que vendían sus lecciones por dinero. Platón los califica de mercaderes ambulantes de golosinas del alma" (Martínez, 1995, p. 194). Lo anterior lleva a la conclusión de que no cabe hablar de una ética sofista, porque no hay una norma objetiva sino un convencionalismo arbitrario orientado a lo que ellos consideraban triunfar.

Como ejemplo de los sofistas podemos considerar a Protágoras (480-411 a.c.), orador elocuente y gramático que se enriqueció durante 40 años y que promovió el cambio y el sensismo afirmando que sólo podemos conocer los fenómenos y que el hombre es la medida de todas las cosas; de las que son en cuanto que son y de las que no son en cuanto no son (Platón, 1871, *Teeteto,* 152b). De modo que el hombre es quien otorga sentido a la realidad dando como resultado el relativismo al considerar el bien como pura utilidad. Calicles es otro de los personajes que aparecen en el *Gorgias* o de la Retórica de Platón, que aun cuando no se sabe sobre su existencia real, manifiesta la separación entre la naturaleza y la ley. Según él las leyes las hacen los hombres más débiles para atemorizar a los más fuertes, de modo que las mayorías que son los débiles pueden obtener ventajas. Para él la única ley natural es el derecho del más fuerte:

> Pero, según yo creo, la naturaleza misma demuestra que es justo que el fuerte tenga más que el débil y el poderoso más que el que no lo es. Y lo demuestra que es así en todas partes, tanto en los animales como en todas las ciudades y razas humanas, el hecho de que de este modo se juzga lo justo: que el fuerte domine al débil y posea más. En efecto, ¿en qué clase de justicia se fundó Jerjes para hacer la guerra a Grecia, o su padre a los escitas, e igualmente, otros infinitos casos que se podrían citar? Sin embargo, a mi juicio, estos obran con arreglo a la naturaleza de lo justo y también, por Zeus, con arreglo a la ley de la naturaleza. Sin duda, no con arreglo a esta ley que nosotros establecemos, por la que modelamos a los mejores y más fuertes de nosotros, tomándolos

desde pequeños, como aleones, y por medio de encantos y hechizos los esclavizamos, diciéndoles que es preciso poseer lo mismo que los demás y que esto es lo bello y lo justo. (Platón, 1980, Gorgias, 483d-484a)

Sin embargo, en la Grecia antigua también hubo quienes consideraron que la naturaleza era el fundamento de las leyes que rigen el comportamiento humano (Grenfell & Hunt, 1915, *Papiros de Oxirrinco*, XI, n. 1364, I, 25). En ese contexto aparece Sócrates que promueve el hecho de que la bondad de las cosas depende de que funcionen conforme a su propia naturaleza. Sócrates sostiene que la justicia es el orden del alma (Platón, 1980, *Gorgias*, 504d). Para él, los fines del hombre estaban fijados objetivamente. Por eso pensaba que, indagando sobre la esencia de las cosas, el hombre podría saber cuál es su bien y en dónde está su felicidad (Aristóteles, 1982, *Metafísica XIII*, 1078b 17). Para Sócrates, el discernimiento entre el bien y el mal se descubre al indagar sobre las esencias de las cosas (Jenofonte, 1993, *Recuerdos de Sócrates IV*, c.2, secc.11). El asunto es que, en Sócrates, la sabiduría acaba siendo virtud moral. Porque es bien sabido que, para él, el conocimiento del bien garantiza el realizarlo, aun cuando en la práctica vemos que no es así. Sócrates nos enseña que el hombre ha de ejercer un dominio sobre sí mismo y disciplinarse para poder someter sus apetitos inferiores en aras de alcanzar los bienes más altos. Para Sócrates la felicidad y el bien están en la virtud que es la sabiduría y la felicidad consiste en la posesión del mayor bien que es el que está de acuerdo con su razón. Conducirse racionalmente y procurar ese bien para sí y para los demás.

Por eso Platón sigue a su maestro y sostiene que la educación debe consistir en conocer la naturaleza, porque la naturaleza es lo que permanece o lo que no cambia jamás (Platón, 1872a, *Político*, 310). Él sostiene que hay que seguir la naturaleza para garantizar el orden moral (Platón, 1872b, *Leyes*, 386c). De tal modo que en Platón queda muy claro que para saber lo que es bueno o malo es necesario conocer lo que corresponde a la naturaleza humana (Platón, 1871, *Teeteto,* 174 b). El hombre debe vivir conforme a lo que está en lo alto y "apartarse del mundo sensible para asimilarse a Dios" (Platón, 1872b, *Leyes,* 716c). En Platón, el deber del hombre está en sí mismo, en un orden objetivo (mundo de las ideas) que el hombre debe conocer y aceptar sometiéndose a él para lograr la comunión con el principio supremo (Platón, 1871, *Teeteto,* 172 b). La felicidad terrena consiste en una mezcla de placer-sabiduría armonizados en una vida virtuosa. Sólo mediante la virtud se llega a una felicidad trascendente que se encuentra en la Idea de Bien Absoluto para el que el hombre ha de liberarse de la materia para contemplarlo: "...Gracias al pasaje del *Crátilo* 400c, sabemos por el propio Platón que los seguidores de Orfeo habían concebido el cuerpo como una tumba del alma, como si esta estuviera enterrada en el momento presente" (Casadesús Bordoy, 2016, p. 178). Platón propone como fundamentales las siguientes virtudes: la justicia, que comprende a todas las demás virtudes en cuanto es la armonía que refleja el orden del universo; la prudencia, que considera un principio divino orientado hacia los bienes superiores y sin la cual es imposible la vida virtuosa en cuanto dispone a liberarse del mundo engañoso de las apariencias; la fortaleza, que regula las pasiones nobles preparándonos para superar el dolor y sacrificar placeres en aras del cumplimiento del deber; y, por último, la templanza que es el dominio de sí mismo que modera y armoniza las tendencias inferiores y las pasiones bajas. En Platón también es muy importante la política ya que considera al hombre como un animal social. El problema de la ética platónica es la unión accidental entre cuerpo y alma, la concepción del cuerpo como algo negativo (Platón, 1980, *Gorgias,* 493a), y la transmigración de las almas o metempsicosis:

Así pues, Sócrates, injustamente encarcelado, representa al alma encerrada en el cuerpo-prisión que, gracias a su dedicación a la filosofía, está a punto de conseguir su liberación definitiva. de hecho, Platón forzó en el *Fedón* una extraordinaria paradoja: el acto de beber la cicuta liberaría a Sócrates tanto del cuerpo como de la cárcel, mientras que las almas de sus compañeros se verían obligadas a continuar encerradas en sus cuerpos-prisión. Sócrates, en cambio, al considerarse suficientemente purificado, acepta su destino y su tránsito al Hades, mientras aconseja a sus compañeros que aguarden el momento de su liberación y sigan su ejemplo de dedicación a la filosofía. (Casadesús Bordoy, 2016, p. 186)

Platón reconoce que el fin del hombre es la felicidad, sin embargo, no descubre a Dios como un ser personal. Para él la felicidad y la inmaterialidad se identifican.

Otro autor importante que ya no es de la época clásica sino del helenismo griego, es Epicuro (341-270 a.C.), quien reduce el fin del hombre al placer (Encyclopedia Herder, s.f.). Su propuesta eudemonista promueve que la felicidad máxima a la que el hombre puede aspirar es evitar el dolor que es el único mal y alcanzar la mayor cantidad de placeres espirituales y corporales ya que para él, el placer es el único bien. Los hedonistas consideraban que el único placer es el sensible pero los epicúreos se distinguen de estos en que el hombre está compuesto de alma y cuerpo de modo que admiten placeres del alma y del cuerpo. La virtud consiste en la búsqueda y elección de medios que conducen a la posesión de placeres. Es lo que en el cristianismo se llama falsa prudencia o prudencia de la carne.

Por su parte el estoicismo fundado por Zenón de Citio (335-264 a.C.), pone la felicidad en el dominio de las pasiones procurando vivir conforme a la razón o a la naturaleza. Reducen el bien a la virtud y el mal al vicio de modo que los otros bienes son para ellos indiferentes. El hombre debe someterse voluntariamente al fin que rige a todos los seres y que es la Razón Eterna y su orden universal. La única virtud es la prudencia o sabiduría que ayuda a mantenerse impasible (*apatheia*) ante los sufrimientos físicos y morales:

> Según Zenón, la perturbación o pasión es un movimiento del alma, irracional y contra la naturaleza; o bien un ímpetu exorbitante. Según Hecatón, en el libro II de las pasiones, y Zenón en su libro del mismo asunto, hay cuatro géneros de pasiones supremas, que son: el dolor, el temor, la concupiscencia y el deleite. Son de sentir que las perturbaciones o pasiones son también juicios o discernimientos (…). Que el dolor es una contracción irracional del ánimo. Sus especies son la misericordia, la envidia, la emulación, los celos, la angustia, la tristeza, la pena y la confusión (…). Que el temor es la privación del mal que amenaza. Refiérense al temor del miedo, la ignavia, la vergüenza, el terror, el tumulto, la agonía (…). La concupiscencia es un apetito irracional. Se ordenan a él la indigencia, el odio, la contienda, la ira, el amor, el rencor, la furia (…). El deleite es un movimiento irracional del ánimo acerca de lo que parece apetecible. Contiene bajo de sí la delectación o halago, el gozo del mal ajeno, el divertimento y la disolución (…). Dicen que hay tres afecciones buenas del ánimo, el regocijo, la precaución y la voluntad. Que el regocijo es contrario al deleite, puesto que es un movimiento racional. Que la precaución lo es al miedo, siendo una racional declinación del peligro. Así el sabio nunca teme, sino que se precave. Y que la voluntad es contraria a la concupiscencia, puesto que aquélla es un deseo racional (…). Dicen que el sabio está sin pasiones por hallarse libre de caídas". (Diógenes Laercio, 1998, pp. 110-117)

Para ellos es importante aguantar y renunciar para alcanzar la felicidad en la tierra, la *ataraxia* y la *apatheia* son una promesa de tranquilidad y libertad, pero implican la erradicación de las pasiones (Antoine, 2006). Suelen distinguirse tres períodos de los estoicos: el primero de Zenón, Creantes de Assos y Crisipo de Soli; el intermedio de Panecio de Rodas y Posidonia de Apamea, y el estoicismo tardío romano de Séneca, Epicteto de Hierápolis y Marco Aurelio (Filosofía en Español Enciclopedia, s.f.).

En lo que se refiere a Aristóteles (384-324 a.C.), coincide con Platón en que la naturaleza está impregnada de razón y es orientada por la finalidad (Aristóteles, 2011, *Las partes de los animales,* 639b 16). Sin embargo, Aristóteles da un paso más con el descubrimiento del ser en potencia y la solución del movimiento. En Aristóteles ya no es sólo el alma sino la *physis* impregnada de finalidad (Aristóteles, 2011, *Sobre el cielo,* 271 33). Hay algo razonable en la naturaleza (Aristóteles, 2011, *Las partes de los animales,* 652b 20.) que el hombre debe completar por medio de su actividad técnica y moral (Aristóteles, 2011, *Protréptica,* nB 13). De suerte que los actos morales han de realizarse conforme a los fines que se encuentran inscritos en la naturaleza (Aristóteles, 1983, *Ética Nicomaquea,* 1135a 3), cuya realidad no corresponde eminentemente al mundo de las ideas como sucedía en Platón. Para Aristóteles el placer no es el bien supremo, sino que la felicidad es la actividad conforme a la virtud más alta que es la sabiduría, de modo que la vida contemplativa es la mejor y la más divina.

Pero aquí hay algo muy importante: el hombre se distingue de la naturaleza en que en él hay una indeterminación frente a la naturaleza, de modo que no está totalmente determinado a obrar, sino que para obrar conforme a la naturaleza debe adquirir virtudes (Aristóteles, 1983, *Ética Nicomaquea,* 103a 29). Mediante el uso de la razón debe descubrir los fines de su naturaleza y autodeterminarse en conformidad con ellos. También ha de mantenerse en muchas de sus acciones en el justo medio que exige la virtud evitando así el exceso y el defecto en el obrar (*Ética Nicomaquea,* 1104a 10). Sin embargo, esto no es fácil porque el justo medio debe considerar el agente y su situación, es decir, las personas y las circunstancias, aunque tomando siempre en cuenta que hay actos intrínsecamente contrarios al orden natural que no son cuestión de puntos medios. Por eso, dice Aristóteles, que el justo medio no es algo fácil de determinar ni se determina matemáticamente.

Aristóteles sostiene que se requiere el sabio para determinarlo; la recta razón objetiva para la que se requiere experiencia (*Ética Nicomaquea*, 1106b 36). Para Aristóteles, el justo medio se obtiene por el buen sentido y la experiencia. En Platón el sabio, que era el hombre bien educado contemplando el mundo de las ideas, sabía lo que era justo. Pero cuando Aristóteles refuta la teoría de las ideas de Platón, el sabio pasa a ser el prudente que conoce los medios que ha de poner para alcanzar el fin bueno. Además, Aristóteles ve que es un hecho que en el hombre existe el error al discernir entre lo bueno y lo malo, porque el hombre busca el placer que no siempre constituye un bien real sino, en muchos casos, es sólo un bien aparente (*Ética Nicomaquea*, 1113b 28). Por eso en Aristóteles al igual que en Platón es necesaria la práctica de la virtud (*Ética Nicomaquea*, 1144a 30). Porque la virtud hace que el hombre juzgue siempre conforme al bien y a la verdad (*Ética Nicomaquea*, 1113a 23). Aunque aquí hay que añadir, que en Aristóteles no basta el conocimiento, sino que se requiere la virtud moral que garantice la obra buena. No obstante, hay que destacar que en Aristóteles el criterio de moralidad es la naturaleza humana. Con Aristóteles y el estoicismo se recoge y consolida la teoría de la ley natural objetiva y heterónoma que ha sido criticada desde la modernidad, sobre todo con Kant, que enfatizó el carácter subjetivo de los juicios morales y la autonomía de la ley (Kant, 2002). Esto es muy importante para la ética general, porque a partir de esas ideas se consolidó el relativismo y el pragmatismo ético, porque impactó la elaboración de las leyes que regulan el comportamiento humano.

3. Filosofía griega, cristianismo y modernidad

Posteriormente vino el diálogo de la filosofía griega con el cristianismo que es una religión cuya visión lo contempla todo a la luz de la fe y que no construye sistemas éticos, sino que desarrolla una teología moral. Sin embargo, los filósofos cristianos configuraron una ética que ha servido de base filosófica para la teología moral y que se fue desarrollando desde la patrística (siglos I al V d.C.), la filosofía medieval preescolástica (siglos V al IX), y dentro del contexto de la escolástica (siglos IX al XVI d.C.). En el siglo XIII d.C., Santo Tomás de Aquino realiza una gran síntesis construyendo una ética realista, a partir del diálogo que había tenido la filosofía griega clásica y helenística considerando especialmente la propuesta aristotélica y en la que nos centraremos en un capítulo dedicado a eso.

Sin embargo, no todo fue acierto dentro de ese período, pues existieron muchos cuestionamientos y discusiones y con Guillermo de Ockham (siglo XIV d.C.) se extendió el nominalismo que consiste en la negación de la mente humana para conocer los universales que se encuentran en las cosas[1] (Ockham, 1965), impidiéndose así la posibilidad de la mente humana para alcanzar un orden moral objetivo que sea capaz de superar el relativismo ético. Posteriormente con el pienso y luego existo de Descartes[2] y con el empirismo inglés (siglo XVII d.C.), se va consolidando el subjetivismo moral.

De modo que en el siglo XVIII d.C. Emmanuel Kant (1724-1804) impactó con sus ideas al mundo moderno y contemporáneo al considerar que la física newtoniana era un hecho a partir del

---

1. Nada permitiría aludir a un *universale a parte rei* porque todo lo que halla en las cosas es algo estrictamente singular. *"Nihil est a parte rei quin sit simpliciter singulare"* (Ockham, 1965, *Opera Philosophica*, 166, p. 204).

2. R. Descartes: *Discours, Quatriesme Partie*, A.T., VI, 32; *Meditationes de Prima Philosophia, Meditatio II*, A.T., VII, 24; *Secundae Responsiones*, A.T., VII, 140; *Principia Philosophiae*, I, X, A.T., VIII-1,8. 5; *Recherche de la verité par La lumiere Naturelle*, A.T., X, 513; *Discurso del método*, 1637.

cual desarrolló un gran interés por indagar acerca de las condiciones de posibilidad de un conocimiento científico:

> No entiendo por tal crítica la de libros o sistemas, sino la de la facultad de la razón en general, en relación con los conocimientos a los que puede aspirar prescindiendo de la experiencia. Se trata, pues, de decidir la posibilidad o imposibilidad de una metafísica en general y de señalar tanto las fuentes como la extensión y límites de la misma, todo ello a partir de principios. (Kant, 1997, *Crítica de la Razón Pura*, A XII)

En su obra titulada *Crítica de la Razón Pura*, llega a la conclusión de que la metafísica es imposible como conocimiento científico debido a que pretende algo contradictorio:

> Una metafísica que tuviera su fundamento, siquiera remoto, en la experiencia, en la intuición empírica y la ulterior comprensión eidética del ser real, del existente real, es para Kant inconcebible. Kant no parece haber criticado este tipo de metafísica: sencillamente la desconoce. (Vicente-Burgoa, 2009, p. 172)

Sin embargo, para Kant la metafísica no es imposible en absoluto:

> Es de esperar tan poco que el espíritu humano renuncie completamente, de una vez, a las investigaciones metafísicas, como que para no respirar un aire impuro, lleguemos a interrumpir completamente la respiración. Existirá siempre en el mundo, y lo que es más en todo hombre, especialmente en los hombres reflexivos, una metafísica, la cual, a falta de un patrón fijo, la cortará cada cual a su modo". (Kant, 1999b, *Prolegomena*, sol. n.367, p. 291)

"De ahí que la razón humana, desde que pensó, o mejor dicho, meditó, nunca pudiera prescindir de la metafísica" (Kant, 1997, *Crítica de la Razón Pura*, B 870, p. 653) porque hay otras vías de acceso a los objetos metafísicos cuyas conclusiones que se alcancen por otras vías distintas al conocimiento, no pueden ser destruidas por la razón teórica: "La metafísica que Kant tiene ante los ojos es únicamente la metafísica del racionalismo cartesiano, especialmente de Leibniz y Wolff. A ésta es a la que dirige su crítica" (Marechal, 1959, pp. 572-573). Kant llega a esa conclusión cuando intenta establecer las condiciones de posibilidad del conocimiento mediante un estudio del conocimiento en general en el que concluye que el conocimiento humano consta de dos elementos: lo que aporta el objeto que es el dato material y lo que aporta el sujeto o formas que él denomina *a priori*. Para Kant sólo lo material puede conocerse, pero el hombre no puede conocer las cosas en sí mismas (*nóumeno*) sino sólo el fenómeno que es la cosa más lo que el sujeto ha puesto en ella, que ya no es la cosa. Para Kant no podemos conocer la naturaleza de las cosas, sin embargo, piensa que existen otros caminos para alcanzar los objetos metafísicos en cuanto el hombre no se reduce a su actividad cognoscitiva:

> Por lo que se refiere a las fuentes de un conocimiento metafísico, está ya implícito en su concepto que no pueden ser empíricas […] Los principios de estas […] jamás deben ser tomados de la experiencia, pues deben ser conocimientos, no físicos, sino metafísicos; esto es, más allá de la experiencia […] Es, pues, un comienzo a priori, o del entendimiento puro, o de la razón pura. (Kant, 1999b, *Prolegomena*, sol.1, n. 265)

Kant parte de la conciencia moral como actividad espiritual regidora de la vida cuyos principios son la base para formular juicios morales acerca de uno mismo y de lo que le rodea (Kant, 2005, pp. 255-257). Así como en la Crítica de la Razón Pura parte del conocimiento y del hecho de la Física newtoniana para indagar sobre las condiciones de posibilidad del conocimiento; en la Crítica de la Razón Práctica parte de la conciencia moral para lo que él llama Razón Práctica que es la que abre el acceso hacia los objetos metafísicos como Dios y el alma.

Ni siquiera puedo, pues, aceptar a Dios, la libertad y la inmortalidad en apoyo del necesario uso práctico de mi razón, sin quitar, a la vez, a la razón especulativa su pretensión de conocimientos exagerados. (Kant, 1997, *Crítica de la Razón Pura*, B XXX)

Cambia el sentido aristotélico de la razón práctica; ya no se trata de la razón aplicada al conocimiento de lo que son las cosas o a conocer la esencia o naturaleza de las cosas, sino que se trata de la razón aplicada a la práctica de la moral. Él sostiene que el calificativo de bueno o malo, moral o inmoral, etc., sólo pertenece a las personas y no a las cosas y el motivo es porque sólo el hombre realiza actos que tienen dos elementos: lo que el hombre hace y lo que quiere hacer, de modo que los predicados morales no corresponden a lo que el hombre hace, sino a lo que quiere hacer. Lo que es bueno o malo no es el contenido o la materia del acto, sino la voluntad del hombre que es la única que es verdaderamente buena o mala. Para Kant si una persona cumple con la ley por temor al castigo o por un deseo de recompensa, su voluntad pierde su valor moral:

La buena voluntad no es buena por lo que efectúe o realice, no es buena por su adecuación para alcanzar algún fin que nos hayamos propuesto; es buena sólo por el querer, es decir, es buena en sí misma. Considerada por sí misma, es, sin comparación, muchísimo más valiosa que todo lo que por medio de ella pudiéramos verificar en provecho o gracia de alguna inclinación y, si se quiere, de la suma de todas las inclinaciones. (Kant, 1999a, *Metafísica de las Costumbres*, c.1)

El mérito moral radica en que el acto sea hecho únicamente porque es debido, es decir, bajo imperativos auténticos categóricos como, por ejemplo: honra a tus padres, ya que los hipotéticos dependen de una condición como, por ejemplo: si quieres sanar debes hacer ejercicio:

El Juicio es en general la facultad de pensar lo particular en tanto que contenido bajo lo universal. Si lo universal (la regla, el principio, la ley) se encuentra dado, entonces el Juicio que subsume lo particular a éste [...] es determinante. Pero si sólo lo particular se encuentra dado, para el cual se debe buscar lo universal, entonces el Juicio es meramente reflexionante. (Sánchez, 2012, p. 581)

Por esa razón, Kant propone el imperativo categórico que se enuncia de la siguiente manera: "obra de tal manera que puedas querer que el motivo que te ha llevado a obrar sea una ley universal" (Kant, 1995).

La ética kantiana incluye tres fórmulas del imperativo categórico que están estrechamente vinculadas entre sí. La primera, llamada 'estandarizada' o 'fórmula de universalización', reza así: "obra sólo según una máxima tal que puedas querer al mismo tiempo que se torne ley universal" (Kant, 1995: 39). Esta fórmula se acompaña por el corolario: "obra como si la máxima de tu acción debiera tornarse, por tu voluntad, ley universal de la naturaleza" (Kant, 1995: 40). La segunda acentúa el respeto a la persona como un fin en sí mismo y se denomina 'fórmula de la personalidad': "obra de tal modo que uses la humanidad, tanto en tu persona como en la persona de cualquier otro, siempre como un fin al mismo tiempo y nunca solamente como un medio" (Kant, 1995: 44-45). La tercera enfatiza el momento del libre consentimiento (la propia elección) en el establecimiento o reconocimiento de la regla universal de conducta y se llama 'fórmula de autonomía'. En términos de Kant, "la voluntad [...] no está sometida exclusivamente a la ley, sino que lo está de manera que puede ser considerada como legislándose a sí propia, por eso mismo, y sólo por eso, sometida a la ley [...]. (Malishev, 2014, p. 13)

Para él la ley se origina en la voluntad y es puramente formal de modo que una ley no puede consistir en haz esto o aquello, es decir, en leyes con contenidos determinados, porque le da peso al por qué, que es justo donde se fundamenta la libertad. La conciencia moral no es conocimiento sino un acto de valoración que nos pone en contacto con un mundo diverso al de los fenómenos u objetos a conocer (Kant, 2005, p. 303); con el mundo de realidades suprasensibles de dimensión moral al que se llega por intuiciones morales. Es así que la razón práctica tiene primacía sobre la teórica en el sentido de que logra lo que la teórica no puede lograr que es conducirnos a las verdades metafísicas que existen en realidad, voluntad de santidad regida por el Supremo Hacedor que es Dios, donde lo real e ideal se identifican.

El progreso sólo tiene sentido si existen realidades metafísicas como ideales a los que el mundo se dirige y que se encuentran más o menos lejos. El problema es que para Kant el hombre no conoce la cosa en sí y, por tanto, la naturaleza de las cosas sino sólo el aparecer de ellas. Y al negar esa capacidad de la inteligencia, no le queda más que fundamentar la moralidad en la voluntad dejándola desprovista de contenidos concretos. Bajo el presupuesto kantiano no es posible saber qué debo hacer en situaciones concretas, pues la rectitud de intención no es suficiente debido a que hay actos que son convenientes a la naturaleza humana mientras que hay otros que no lo son. Aunque en todos los hombres existe el deseo de felicidad, difieren en cuanto a qué es lo que les va a proporcionar dicha felicidad. Pero, además, desear ser feliz no puede ser algo malo como lo afirma Kant, y tampoco puede serlo desear actuar moralmente para ser feliz.

Kant se equivoca al pensar que el obrar por ser feliz es inmoral; quiere que el acto se realice sólo por respeto al deber, sin embargo, existen muchos otros fines lícitos y aun mejores que el deber como, por ejemplo, actuar por amor a Dios. Otro problema de Kant es el afirmar que la voluntad no está determinada de ninguna manera. La voluntad sí está determinada de alguna manera, aunque no lo está del todo ya que sus actos pueden ser contrarios a lo que el hombre juzga como moralmente bueno y esto pone de manifiesto que: la voluntad humana no se da sus propias leyes y que es libre con una libertad que no es infinita, pero que es libertad. Otro problema es que la ley moral no procede de cada hombre como lo propone Kant, sino de la ley natural moral que es ley divina y que el hombre descubre gracias a la capacidad de la inteligencia de conocer las esencias o naturalezas de las cosas y el orden establecido en ellas.

En cuanto a Dios, Kant lo concibe como la unión de lo más real con lo más ideal de modo que su existencia acaba dependiendo del deseo del hombre de que el bien total y la justicia se realicen en algún lugar:

> En un respecto teórico no podemos, por mucho que se esfuerce la razón, llegar ni por asomo al convencimiento de la existencia de Dios, de la existencia del bien supremo o del anuncio de una vida futura, dado que no hay para nosotros intelección alguna en la naturaleza de objetos suprasensibles. Pero en un respecto práctico somos nosotros mismos quienes nos hacemos estos objetos, así como juzgamos si sus ideas son favorables al fin final de nuestra razón pura. (Kant, 2011, *Progresos de la Metafísica*, Ak, XX, 299)

Sin embargo, el argumento es débil ya que no todo lo que el hombre desea lo realiza. El problema es que cuando Kant niega la capacidad humana de conocer las cosas en sí, el acceso a Dios se dificulta gravemente. Resulta difícil una normatividad propuesta por un ser que deseo que exista, pero del cual no tengo certeza más allá de un postulado de la conciencia. Todo esto nos hace concluir que la ética kantiana es inmanentista, subjetivista, voluntarista y, por lo tanto, relativista.

Posteriormente, en el siglo XIX d.C., tenemos a Karl Marx (1818-1883) y la ética marxista que constituye una crítica a lo que ellos denominan ética de la burguesía, de modo que lo que proponen es que lo honesto y lo moral es todo aquello que contribuye a la abolición del capitalismo, es decir, todo aquello que apoya la revolución y a la implantación de un nuevo orden que consiste en una sociedad socialista:

> Una moral verdaderamente humana, que esté por encima de las contraposiciones de clase, y por encima del recuerdo de ellas, no será posible en un estadio social que no sólo haya superado la contraposición de clases, sino que la haya además olvidado para la práctica de la vida. (Engels, 1968, pp. 81-83)

El marxismo descarta cualquier propuesta ética que intente rebasar la pura experiencia o lo que llaman metaempírica:

> En consecuencia, rechazamos toda tentativa para imponernos un sistema cualquiera de moral dogmática como ley moral eterna, definitiva, en lo sucesivo inmutable, bajo el pretexto de que el mundo moral también tiene sus principios permanentes superiores a la historia y a las diversidades étnicas. Por lo contrario, afirmamos que toda teoría moral hasta ahora fue producto, en último análisis, del estado económico de la sociedad en la época correspondiente. Y como la sociedad se ha movido siempre en antagonismos de clases, la moral ha sido siempre una moral de clase; o bien ha justificado el dominio y los intereses de la clase dominante, o bien ha representado, desde que la clase oprimida se hacía bastante fuerte para eso, la revuelta contra esa dominación y los intereses del porvenir de los oprimidos. (Engels, 1967, pp. 103-104)

Todo lo que tenga que ver con la trascendencia es descartado por los marxistas, de modo que el pragmatismo es la base sobre la que se desarrolla la propuesta marxista. Fueron Engels y Lenin quienes propusieron la distinción entre moral burguesa y moral comunista de donde surge la lucha de clases como fundamento de la ética comunista (Marx et al., 1965, p. 5). Bien y mal cambian según las condiciones sociales de modo que, por ejemplo, el robo no puede ser malo en el paraíso comunista debido a que en dicho paraíso no existe la propiedad privada. Sus principios se reducen a que todo lo que favorece la revolución del proletariado para implantar el comunismo es bueno, mientras que todo obstáculo a dicho cambio en las estructuras sociales, es malo (Engels, s.f., *Principios del comunismo*, n. XIII). La ética marxista no reconoce leyes o principios objetivos y universales, sino que su única aspiración es una sociedad sin clases en la que el deber ser y el ser del hombre si identifiquen en el paraíso marxista en el que el colectivo alcanzará la felicidad. El problema principal es que su propuesta constituye un pretexto para justificar todo con tal de favorecer a la revolución marxista.

4. El existencialismo

Por su parte, el existencialismo surge como un intento de superar las limitaciones del pensamiento moderno mediante una "ontología existencial" que se reduce a un análisis fenomenológico de la existencia humana. Los existencialistas son alérgicos a la abstracción de conceptos universales a los que, según ellos, se les escapa la riqueza de la individualidad concreta del existente humano. De modo que rechazan la razón discursiva afirmando la incapacidad de la inteligencia humana de alcanzar verdades necesarias, así como normas éticas universalmente válidas. El existencialismo ateo, parte de la nada como fundamento intrínseco de la existencia humana, el hombre es una pura existencia puesta ahí (*Dasein*) y cuya esencia se va creando en el devenir del tiempo. Es así que la existencia precede a la esencia:

> Al ser mismo, con el que el ser ahí puede comportarse así o así y, de hecho, se comporta siempre de alguna manera, lo llamamos existencia. Y porque la determinación esencial de este ente no puede realizarse mediante la indicación de un qué a manera de contenido, sino que su esencia consiste más bien en que en cada caso él tiene que ser su ser como el suyo, en consecuencia hemos elegido el título de ser-ahí

como pura expresión de ser para la designación de este ente. (Heidegger, 1951, p. 22)

Y en otra parte dice:

Se ha insinuado ya que el Dasein tiene como constitución óntica un ser pre-ontológico. El Dasein es de tal manera que, siendo, comprende algo así como el ser. Sin perder de vista esta conexión, deberá mostrarse que aquello desde donde el Dasein comprende e interpreta implícitamente eso que llamamos el ser, es el tiempo. (Heidegger, 2003, p. 28)

Como veremos, se trata de una existencia que es nada y que, como veremos en el siguiente enunciado, se va haciendo en el devenir del tiempo.

Definimos, pues, la idea existenciaria formal del "deudor" así: el ser fundamento de un ser determinado por un "no" –es decir, "ser el fundamento" de un "no ser". (Heidegger, 1993, p. 308)

Martín Heidegger (1889-1976) influido por Kierkegaard, concibe que la finalidad del ser ahí o el ahí del ser del hombre, es la muerte (Manzano, 2001):

Sólo el ser libre para la muerte le confiere al ser-ahí su finalidad plenaria y lanza a la existencia a su finitud. La finitud, cuando es asumida, sustrae a la existencia de la infinita multiplicidad de posibilidades de bienestar, facilidad, huida de responsabilidades, que inmediatamente se ofrecen, y lleva al ser-ahí a la simplicidad de su destino individual. Con esta palabra designamos el acontecer originario del ser-ahí que tiene lugar en la decisión propia, acontecer en el que el ser-ahí, libre para la muerte, hace entrega de sí mismo a sí mismo en una posibilidad que ha heredado, pero que también ha elegido. (Heidegger, 2003, p. 400)

O un no ser que es lo que da verdadero sentido a su existencia: "La muerte es la posibilidad de la radical imposiblidad de existir. La muerte se revela así como la posibilidad más propio, irrespecti-

va e insuperable. Como tal, ella es una inminencia sobresaliente"
(Heidegger, 2003, p. 271). Y en otras partes afirma:

> El temple afectivo pone al Dasein ante su condición de arrojado, es
> decir, ante el "factum de-que-existe" ["dass-es-da-ist"]. Ahora bien, la
> disposición afectiva capaz de mantener abierta la constante y radical
> amenaza de sí mismo que va brotando del ser más propio y singular del
> Dasein es la angustia. Estando en ella, el Dasein se encuentra ante la
> nada de la posible imposibilidad de su existencia. La angustia se angus-
> tia por el poder-ser del ente así determinado, abriendo de esta manera
> la posibilidad extrema". (Heidegger, 2003, p. 285)

Así como:

> El concepto ontológico-existencial plenario de la muerte puede defi-
> nirse por medio de las siguientes determinaciones: la muerte, como fin
> del Dasein, es la posibilidad más propia, irrespectiva, cierta y como
> tal indeterminada, e insuperable del Dasein. La muerte, como fin del
> Dasein, es en el estar vuelto de éste hacia su fin". (Heidegger, 2003,
> p. 278)

Heidegger no consideró lo bueno o lo malo en su propuesta
y, por eso, al igual que en el caso del marxismo, muchos los han
considerado como de pensamiento amoral. Sin embargo, resulta
evidente que de su propuesta filosófica se desprenden algunas consecuencias morales. Heidegger habla de una auténtica existencia,
de conciencia, de sentimientos humanos, etc., que señalan el rumbo de los actos humanos. Pero, además, el *Dasein* es también ser-
con por lo que la responsabilidad individual termina diluyéndose
en una responsabilidad colectiva en la que se disuelve el modo de
ser propio y auténtico de cada uno. En suma, a partir del método
fenomenológico Heidegger niega la capacidad de la inteligencia
humana para acceder a leyes morales universales y necesarias. Se
trata de una metafísica reducida a la pura existencia humana que
prescinde de toda visión trascendental del hombre y como la exis-

tencia precede a la esencia, no hay nada absolutamente necesario en el hombre que sirva como referencia para orientar sus actos humanos. En Heidegger, el hombre está obligado a vivir con un sentimiento de culpabilidad y angustia por no llegar a su fin que es la muerte lo cual implica también que su responsabilidad individual se colectiviza al disolverse el ser personal del hombre. Ese modo de pensar de Heidegger, lo podemos encontrar en frases como las siguientes:

> La condición de arrojado en la muerte se le hace patente en la forma más originaria y penetrante en la disposición afectiva de la angustia. La angustia ante la muerte es angustia ante el más propio, irrespectivo e insuperable poder ser. El ante-qué de esta angustia es el estar-en-el-mundo mismo. El porqué de esta angustia es el poder ser radical del Dasein. (Heidegger, 1997, p. 271)

En otra parte dice: "la angustia ante la muerte el Dasein es llevado ante sí mismo como estando entregado a la posibilidad insuperable" (Heidegger, 1997, p. 274) "… La no totalidad significa un faltar algo en el poder ser" (Heidegger, 1968, p. 269).

También hay otros autores como Buela que resaltan ideas que mencionan ese sentimiento de angustia:

> El ser-ahí al alcanzar la totalidad de la muerte ve al unísono perder su Da (ahí) en el mundo. El Dasein no puede captar el tránsito, porque en el tránsito se pierde como Dasein, o sea, pasa de ser-ahí a "ya no ser ahí". (Buela, 2012, p. 3)

Otro representante del existencialismo es Jean Paul Sartre (1905-1980) quien ha tenido un fuerte impacto en la actualidad. Comparte con Heidegger los postulados generales del existencialismo en el que la existencia precede a la esencia, de modo que el hombre se va haciendo libremente en el devenir del tiempo lo cual conduce a la conclusión de que el hombre es lo que él hace:

> El hombre es el único que no sólo es tal como él se concibe, sino tal como él se quiere y como él se concibe después de la existencia. El hombre no es otra cosa que lo que él hace. Este es el primer postulado del existencialismo. (Sartre, 2003, p. 13)

Parte de lo inmediato, de lo que aparece, pero aun cuando Sartre intenta superar la angustia de Heidegger, desemboca como Heidegger en el nihilismo ontológico y en una "filosofía" del absurdo:

> El uno morirá difunde la opinión de que la muerte alcanza por decirlo así al uno. La interpretación pública del ser ahí dice uno morirá porque con ello otro cualquiera y uno mismo puede hablarse muy convencidos así: en el caso no justamente yo, pues este uno es el nadie. (Heidegger, 1968, p. 276)

Sartre toma como punto de partida, la nada. Para Sartre el hombre es conciencia y libertad pero que en realidad son nada en cuanto su finalidad es llegar a ser "ser-en-sí", cerrado, incomunicable, opaco, donde ya no puede caber la nada. El problema es que para Sartre el hombre está condenado a ser libre lo que equivale a ser nada en cuanto su existencia no tiene sentido, porque jamás llegará a su finalidad. Por eso Sartre define al hombre como una pasión inútil (Sartre, 2004, p. 638).

Para Sartre la idea de Dios es un absurdo a lo que agrega la famosa frase que podemos encontrar en una Conferencia de 1946 titulada "El existencialismo es un Humanismo": "Dios no existe, todo está permitido. No se puede encontrar nada de lo que depender, ya sea dentro o fuera de sí mismo" (Sartre, 2008). La única obligación moral del hombre es vivir eligiendo ser lo que esencialmente quiera ser, intentando fatalmente de llegar al ser en sí, pero sin lograrlo. El obrar por el obrar mismo inmotivadamente es la única medida de moralidad o lo que él llama conciencia de buena fe. El relativismo es evidente ya que no hay normas de conducta moral que deriven de un orden natural, ni visión trascendental. Por eso para Sartre el existir no tiene sentido, "el hombre es una pasión inútil" (Sartre, 2004, p. 638).

No obstante, lo anterior, tenemos otros existencialistas como Karl Jaspers y Gabriel Marcel en que el sentido de trascendencia o el hecho de completar la existencia del hombre, no se basa en la muerte como en el caso de Heidegger, ni en el intento fallido de alcanzar al ser en sí de Sartre, sino en alcanzar una existencia que es posible para el hombre al superar la muerte como una situación límite. Sin embargo, tanto Karl Jaspers (1883-1969) como Martín Heidegger participaron en la fundamentación del existencialismo, por lo que tienen puntos comunes (Campos-Winter, 2017). La existencia, que es sinónimo de conciencia, es el punto de partida a partir del cual el hombre piensa y actúa dirigiéndose intencionalmente a objetos que se relacionan consigo mismo y con su propia trascendencia. Esa relación consigo mismo es la reflexión. Al igual que en Heidegger, en Jaspers la existencia se manifiesta en la angustia ante el desgarramiento del existir humano finito y temporal.

Una diferencia entre Heidegger y Jaspers es que en Heidegger la existencia se completa en la muerte mientras que en Jaspers se completa en el momento en que el hombre trasciende la existencia terrena. Para Jaspers, el mundo es la totalidad de las cosas; el Yo es el individuo en el que sólo se da la existencia; y el Uno, el Ser Absoluto es la trascendencia misma, que de suyo es incognoscible. La existencia como "Existenz" corresponde a la existencia humana y se entiende como libertad. El hombre no es un ser-así, sino un poder-ser, es decir, una existencia posible (Portuondo, 2005, p. 107).

La influencia kantiana se hace evidente en su concepción de existencia y en el análisis de la voluntad de modo que no hay algo que sea bueno o malo excepto la voluntad y, por tanto, los actos no tienen un contenido objetivamente moral. Libertad y necesidad interactúan de modo que la libertad no es absoluta. Un elemento clave de su pensamiento es que la trascendencia no puede ser alcanzada intelectualmente. Dentro de lo que él llama situaciones límite (Jaspers, 1960), tenemos la muerte como la última situación después de la que queda el ser como experiencia más no como un Ser Necesario. En lo que se refiere a la verdad, esta es el esclarecimiento de la existencia singular, es decir, al igual que la existencia es autocreación libre, de modo que la verdad es relativa a cada hombre quedando excluido cualquier intento de objetividad (Jaspers, 1959, p. 139). No hay capacidad de la inteligencia para conocer la existencia del hombre, ni mucho menos conceptos universales y abstractos. Lo único que debe hacer el hombre es llegar a ser plenamente hombre superando la última situación límite que es la muerte llegando así a la trascendencia. Jaspers niega que podamos alcanzar una verdad objetiva y con esto que el hombre tenga que realizar sus actos conforme a una naturaleza puesto que cada hombre va creando su propia verdad. Por lo mismo, Para Jaspers no hay actos moralmente buenos o malos, sólo una voluntad buena o mala. Al igual que en Kant, la intención es la única fuente de la moralidad.

Otro autor representativo que hemos mencionado, es Gabriel Marcel (1889-1973) quién intentó fundamentar una ética desde la fenomenología, es decir, a través de descripciones fenoménicas de las vivencias emocionales de la existencia subjetiva. Su propuesta entra dentro del llamado existencialismo cristiano por ser una filosofía abierta al misterio y a la revelación cristiana. La fidelidad, la esperanza y el amor tienen una gran importancia en su pensamiento (Devaux, 1979, p. 115). Marcel intenta dar una explicación de cómo el hombre puede afirmarse a sí mismo como trascendencia. El hombre no se disuelve en el devenir, en la corriente de instantes que pasa, sino que, creando una unidad con ellas, asume esos instantes como suyos y en la medida en que el sujeto los reconoce como "míos" participan de la vocación a la que el hombre fue llamado. Su metafísica del ser se convierte en metafísica del somos (Marcel, 2002, pp. 207), pues la intersubjetividad no es otra cosa que la caridad misma en cuya cima convergen al *ágape* y la *philía* (Marcel, 2002, p. 343). Se trata de un yo existir ante Dios, con un reconocimiento implícito de la libertad ante la cual el hombre es libre de comprometerse. El problema de su propuesta es su negación del valor ontológico, de la razón y del pensamiento abstracto que le conduce a la ambigüedad propia de la corriente existencialista. Se refiere a un Dios incognoscible, inobjetivable como presencia o misterio que acaba siendo pura ilusión sin fundamento que vincule a un ser necesario con los seres contingentes:

> Diré que el reconocimiento del misterio ontológico, donde yo veo el reducto central de la metafísica, sin duda sólo es posible de hecho gracias a una especie de irradiación fecundante de la revelación misma, que puede producirse perfectamente en el seno de almas ajenas a cualquier religión positiva; que este reconocimiento que se efectúa a través de ciertas modalidades superiores de la experiencia humana, no implica en modo alguno la adhesión a una religión determinada, pero permite sin embargo, a quien se ha elevado hasta él, entrever la posibilidad de una revelación de un modo muy diferente a como podría hacerlo quien, no habiendo rebasado los límites de lo problematizable, se queda más acá del punto en el que el misterio del ser puede ser advertido y proclamado. (Marcel, 1987, pp. 81-82)

Marcel descubre que el ser absoluto que es la divinidad o Dios no es una sustancia, sino el ser absoluto que no puede ser descrito, ni descubierto ni mucho menos demostrado; ni siquiera puede ser dicho sino únicamente invocado en el encuentro participativo con los otros, que es objeto de experiencia (Marcel, 1987). Es así que Marcel queda atrapado en el fideísmo sentimental y agnóstico; se trata de lo que se ha llamado teología negativa.

5. Utilitarismo, consecuencialismo y proporcionalismo

Con lo expuesto hasta este momento, podemos distinguir dos grandes grupos en lo que se refiere a las normas éticas: aquellos que defienden la subjetividad y aquellos que defienden la objetividad. Sin embargo, el impacto utilitarista exige detenernos en el utilitarismo que sostiene como criterio de moralidad la felicidad, pero entendida como lo que nos hace sentir bien es bueno y lo que nos hace sentir mal o lo que nos causa dolor es malo. El utilitarismo propone una "ética" al margen de la religión, en donde los límites están en los derechos de los demás y las intenciones no tienen que ver con los resultados. Se trata de una "ética" al margen del bien común (Mill, 2008). Bajo esos criterios los derechos humanos dependen de la utilidad y se subordinan a ella. Lo que importa no es lo que cada uno es, ni sus intenciones, sino sus resultados o, en su defecto, las consecuencias como sucede en el consecuencialismo ético. El impacto a la ética radica en que el criterio son los resultados en lugar de la naturaleza y la persona, y eso invierte el orden de la naturaleza. Lo bueno en el utilitarismo ético, es lo que produce resultados y hay que modificar las normas para producir más resultados en términos cuantitativos. Producir y producir el mayor número de bienes que sea posible (James, 1891, III; Dewey, 1920, c.7). Como ejemplo de la ética utilitarista tenemos a Jeremy Bentham (1748-1832) que acepta como base de la moral, la utilidad o lo que denomina el principio de bienestar mayor. Una acción será buena o mala en función del grado de bienestar o de desdicha que se derive de ella: "bajo el gobierno de dos amos soberanos: el dolor y el placer. Sólo ellos nos indican lo que debemos hacer, así como determinan lo que haremos" (Bentham, 2008, p. 11). Lo que se busca es el placer y la ausencia de sufrimiento. Cantidad y calidad de placer tal y como también lo propone John Stuart Mill (1806-1893):

El credo que acepta la Utilidad o Principio de la Mayor Felicidad como fundamento de la moral, sostiene que las acciones son justas en la proporción con que tienden a promover la felicidad; e injustas en cuanto tienden a producir lo contrario de la felicidad. Se entiende por felicidad el placer, y la ausencia de dolor; por infelicidad el dolor y la ausencia de placer [...]. Pero estas explicaciones suplementarias no afectan a la teoría de la vida en que se apoya esta teoría de la moralidad: a saber, que el placer y la exención de dolor son las únicas cosas deseables como fines. (Mill, 1980, p. 139)

De hecho, John Stuart Mill considera que sólo quienes han experimentado todo tipo de placer pueden optar por los valores del espíritu en lugar de los valores sensibles, aunque los del espíritu sean menos cuantitativamente considerados (Semmel, 1984, p. 88). Las personas que optan por los valores del espíritu son llamadas por Stuart Mill son "naturalezas superiores", aunque aclara que la mayoría opta por los placeres animales:

Podría objetarse que muchos que son capaces de los placeres superiores, a veces los posponen a los inferiores, por influencia de la tentación. Pero esto es bien compatible con una apreciación total de la superioridad intrínseca del placer más elevado. Por debilidad de carácter, los hombres se deciden a menudo por el bien más próximo, aunque saben que es menos valioso; y esto tanto cuando la elección se hace entre dos placeres corporales, como cuando se hace entre lo corporal y lo espiritual. Buscan el halago sensual que perjudica la salud, aunque saben perfectamente que la salud es un bien mayor. (Mill, 2017, p. 66)

Lo curioso es que esas propuestas inspiradas en el racionalismo, el idealismo, el empirismo y los ideales de la Revolución Francesa, son asimiladas también por el marxismo, pero utilizando el término de bienestar del proletariado quedando el triunfo del comunismo como criterio de moralidad. En esta propuesta que coincide con el colectivismo, el bien de los individuos se subordina al Estado, lo cual afecta de manera análoga todo el orden social y moral humano. En cuanto a la ética pragmática, esta es una física o biología de las costumbres, a la manera del sociólogo Émilie Durkheim (1858-1917), que nada tiene que ver con una reflexión filosófica sobre los actos humanos. Sin embargo, intenta una fundamentación científica de corte sociológico codificando usos que son aceptados en círculos sociales y que la sociedad impone a los individuos que se encuentran en ella (Farfán, 2012). Se trata de un arte que formula leyes sin ningún valor objetivo más allá del que le viene en función de los bienes que, según su visión, podrían mantener una salud social. La ética pragmática tiene como fin mantener la buena salud del colectivo en el que lo moral es un mero fenómeno social. No hay sentido de lo inmoral sino sólo de una falta de cordura. Durkheim afirma que castigamos los crímenes no por ser crímenes sino, porque los castigamos los convertimos en crímenes. Al igual que los otros relativismos, no considera una naturaleza o esencia humana que soporte lo meramente fenoménico. Tampoco la bondad o maldad tiene que ver con un fin último del hombre; no hay una ley moral natural universal sino más bien moralidades según los distintos ambientes sociales y contextos históricos en los que las circunstancias van determinando lo que conviene según los usos sociales que se van dando. No hay nada que se pueda considerar moralmente bueno o malo más allá de lo que se acostumbra en un determinado grupo y durante un determinado tiempo.

Pero, aun con todo esto, no podemos dejar pasar por alto el hecho que la historia de Occidente está marcada por el cristianismo. Por eso, es muy importante tomar en cuenta el impacto utilitarista en el contexto en que nos encontramos. Porque en un estudio serio sobre ética en general y ética profesional, no podemos dejar de considerar la influencia de la doctrina cristiana en este contexto. Y al respecto hay que decir que es un hecho que el utilitarismo adquirió nuevos bríos en la modernidad y postmodernidad, pero

bajo lo que en la Iglesia se conoce como consecuencialismo moral
y proporcionalismo:

...Las teorías éticas teleológicas (proporcionalismo, consecuencialismo),
aun reconociendo que los valores morales son señalados por la razón
y la revelación, no admiten que se pueda formular una prohibición
absoluta de comportamientos determinados que, en cualquier circunstancia y cultura, contrasten con aquellos valores. El sujeto que obra
sería responsable de la consecución de los valores que se persiguen,
pero según un doble aspecto: en efecto, los valores o bienes implicados
en un acto humano, sería, desde un punto de vista, *de orden moral*
(con relación a valores propiamente morales, como el amor de Dios, la
benevolencia hacia el prójimo, la justicia, etc.) y, desde otro, *de orden*
pre-moral, llamado también no-moral, físico u óntico (con relación a
las ventajas e inconvenientes originados sea a aquel que actúa, sea a
toda persona implicada antes o después, como por ejemplo la salud o
su lesión, la integridad física, la vida, la muerte, la pérdida de bienes
materiales, etc.). En un mundo en el que el bien estaría siempre mez-
clado con el mal y cualquier efecto bueno estaría vinculado con otros
efectos malos, la moralidad del acto se juzgaría de modo diferenciado:
su *bondad* moral, sobre la base de la intención del sujeto, referida a
los bienes morales; y su rectitud, sobre la base de la consideración de
los efectos o consecuencias previsibles y de su proporción. Por consiguiente, los comportamientos concretos serían calificados como *rectos*
o *equivocados,* sin que por esto sea posible valorar la voluntad de la
persona que los elige como moralmente *buena* o *mala.* De este modo,
un acto que, oponiéndose a normas universales negativas viola direc-
tamente bienes considerados como pre-morales, podría ser calificado
como moralmente admisible si la intención del sujeto se concentra, según una *responsable* ponderación de los bienes implicados en la acción
concreta, sobre el valor moral considerado decisivo en la circunstancia.
La valoración de las consecuencias de la acción, en virtud de la proporción del acto con sus efectos y de los efectos entre sí, sólo afecta-
ría al orden pre-moral. Sobre la especificidad moral de los actos, esto
es, sobre su bondad o maldad, decidiría exclusivamente la fidelidad
de la persona a los valores más altos de la caridad y de la prudencia,

sin que esta fidelidad sea incompatible necesariamente con decisiones contrarias a ciertos preceptos morales particulares. Incluso en materia grave, estos últimos deberán ser considerados como normas operativas siempre relativas y susceptibles de excepciones. En esta perspectiva, el consentimiento otorgado a ciertos comportamientos declarados ilícitos por la moral tradicional no implicaría una malicia moral objetiva. (Juan Pablo II, 1993, *Veritatis Splendor*, n. 75)

Así como la llamada ética de situación:

...Sin embargo, semejantes teorías no son fieles a la doctrina de la Iglesia, en cuanto creen poder justificar, como moralmente buenas, elecciones deliberadas de comportamientos contrarios a los mandamientos de la ley divina y natural. Estas teorías no pueden apelar a la tradición moral católica, pues, si bien es verdad que en esta última se ha desarrollado una casuística atenta a ponderar en algunas situaciones concretas las posibilidades mayores de bien, es igualmente verdad que esto se refería solamente a los casos en los que la ley era incierta y, por consiguiente, no ponía en discusión la validez absoluta de los preceptos morales negativos, que obligan sin excepción. Los fieles están obligados a reconocer y respetar los preceptos morales específicos, declarados y enseñados por la Iglesia en el nombre de Dios, Creador y Señor. (Juan Pablo II, 1993, *Veritatis Splendor*, n. 76)

Dentro de los precursores de una "ética" de resultados podemos mencionar a J.G. Milhaven. Y aquí hay que decir que Milhaven consideró muchas leyes como accidentales (Milhaven & Wilson, 1970). Esos autores han considerado que cuando hay más consecuencias buenas que malas, es lícito realizar ciertos actos, que van contra la ley natural moral y que ha promovido el cristianismo. Así justifican aborto, eutanasia, leyes injustas, etc. Lo que esos autores promueven es que no hay leyes absolutas en el ámbito social (Kaczor, 2002). En sus propuestas, la Biología adquiere un papel fundamental, porque con los avances genéticos muchos sostienen que hay genes que determinan el obrar moral. De modo que hay una interacción entre la ética y la estructura biológica del ser humano (Milhaven & Wilson, 1970).

La Biología y la Psicología irrumpen en la reflexión sobre el comportamiento humano considerando que el criterio de moralidad depende de la adaptación continua del hombre a circunstancias o situaciones que son muy cambiantes en las que, la Biología y la Psicología empírica, o incluso la Sociología empírica, encaminadas a lo que consideran "el progreso", toman el lugar de la ética e incluso de la Teología Moral (Simon, 1974, pp. 115-118).

Lo visto hasta ahora, pone de manifiesto la necesidad de una ética científica realista y objetiva, aun cuando este estudio ha dejado suficientemente claro que a lo largo de la historia tenemos propuestas que son contradictorias, y muchas de ellas conducen al relativismo dificultando el camino para establecer un criterio ético que garantice un comportamiento moral objetivo y realista.

Referencias

Antoine, F. (2006). Las pasiones del estoicismo. *Estudios de Filosofía*, *34*, 187-199.

https://www.redalyc.org/pdf/3798/379846139009.pdf

Aristóteles. (1982). *Metafísica* (2nda Ed. Trilingüe). Gredos. (Obra original publicada entre el 335-322 a.C.).

Aristóteles. (1983). *Ética Nicomaquea Versión Española* (A. Gómez Robledo, Ed.; 2da. Ed. Trilingüe). Bibliotheca Scriptorum Graecorum et Romanorum Mexicana. (Obra original publicada entre el 335-322 a.C.).

Aristóteles. (2011). *Obras completas* (C. Mengino, T. Calvo, & M. Candel, Eds.). Gredos.

Bentham, J. (2008). *Los principios de la moral y la legislación*. Ed. Claridad. (Obra original publicada en 1779).

Buela, A. (2012). El problema de la muerte en Heidegger. *Centro de Estudios Internacionales para el desarrollo*, 3-11.

http://www.ceid.edu.ar/biblioteca/2012/alberto_buela_el_problema_de_la_muerte_en_heidegger.pdf

Campos-Winter, H. (2017). Interpretación ontoepistemológica de Jaspers y Heidegger desde Holzapfel. *Cinta de moebio*, *58*, 74-88.

https://www.redalyc.org/journal/101/10151254006/html/

Casadesús Bordoy, F. (2016). Liberar el alma del cuerpo-prisión: la función de la verdadera filosofía. *Revista Archai*, *17*, 173-197.

https://www.redalyc.org/journal/5861/586162800010/html/#:~:text=Para%20Plat%C3%B3n%2C%20el%20%C3%BAnico%20medio,concentrarse%20en%20conseguir%20su%20liberaci%C3%B3n.

Devaux, A. (1979). Gabriel Marcel ou la conjontoure de la raison et de l'amour. En *Gabriel Marcel et la pensée allemande, cahier*. Ed. Plon.

Dewey, J. (1920). *Reconstruction in Philosophy*. The Quinn & Boden Company.

https://www.gutenberg.org/files/40089/40089-h/40089-h.htm

Diógenes Laercio. (1998). *Vidas y sentencias de los filósofos más ilustres: Vol. VII* (J. Ortíz y Sanz, Trad.). Ed. Porrúa.

Grenfell, B., & Hunt, A. (Eds.). (1915). *The Oxyrhynchus Papyri: Vol. XI.* Egypt Exploration Fund. https://archive.org/details/oxyrhynchuspapyr11gren/page/n6/mode/1up?view=theater

Encyclopedia Herder. (s/f). *Epicuro.* https://encyclopaedia.herdereditorial.com/wiki/Autor:Epicuro

Engels, F. (s/f). *Principios del comunismo n. XIII.* https://www.marxists.org/espanol/m-e/1840s/47-princi.htm

Engels, F. (1967). *El antidühring.* Ed. Claridad.

Engels, F. (1968). *Antidühring.* Ed. Grijalbo.

Farfán, R. (2012). *Durkheim y el pragmatismo.* Centro de Investigaciones Sociológicas.

Filosofía en español Enciclopedia. (s/f). *Estoicos.* https://www.filosofia.org/enc/ros/esto.htm#:~:text=Se%20distinguen%20tres%20per%C3%ADodos%20en,medio%20y%20el%20nuevo%20estoicismo.

Heidegger, M. (1993). *El ser y el tiempo.* Trad. José Gaos. Fondo de Cultura Económica. (Original publicado en 1927).

Heidegger, M. (2003). *El ser y el tiempo.* Trad. Jorge Eduardo Rivera. Trotta.

Heidegger, M. (1997). *El ser y el tiempo.* Editorial Universitaria.

James, W. (1891). The Moral Philosopher and the Moral Life. *International Journal of Ethics, 1*(3), 330-354. http://www.jstor.org/stable/2375309

Jaspers, K. (1959). *Filosofía, II.* Ed. Universidad de Puerto Rico.

Jaspers, K. (1960). *Esencia y Formas de lo Trágico.* Ed. Sur.

Jenofonte. (1993). *Recuerdos de Sócrates* (J. D. García, Trad.; 2nda Ed.). BIBLIOTHECA SCRIPTORVM GRAECORVM ET ROMANORVM MEXICANA.

Juan Pablo II (1993, 6 de agosto). *Veritatis Splendor* [Carta Encíclica sobre algunas cuestiones fundamentales de la enseñanza moral de la Iglesia]. https://www.vatican.va/content/john-paul-ii/es/encyclicals/documents/hf_jp-ii_enc_06081993_veritatis-splendor.html

Kaczor. (2002). *Proportionalism and the Natural Law Tradition.* Catholic University of America Press.

Kant, I. (1995). *Fundamentación de la metafísica de las costumbres. Crítica de la razón práctica. La paz perpetua.* Ed. Porrúa. (Obra original publicada en 1785).

Kant, I. (1997). *Crítica de la Razón Pura Prólogo, traducción notas e índices de Pedro Ribas* (P. T. Ribas, Ed.). Alfaguara. (Obra original publicada en 1781).

Kant, I. (1999a). *Fundamentación de la metafísica de las costumbres (en formato HTML)* (M. García, Ed.; Ed. Digital 6ta Ed.). Biblioteca Virtual Miguel de Cervantes. (Obra original publicada en 1785). https://www.cervantesvirtual.com/obra-visor/fundamentacion-de-la-metafisica-de-las-costumbres--0/html/dcb0941a-2dc6-11e2-b417-000475f5bda5_3.html#I_2_

Kant, I. (1999b). *Prolegómenos a toda metafísica futura que haya de poder presentarse como ciencia (Edición bilingüe)* (M. T. Caimi, Ed.). Ediciones Istmo. (Obra original publicada en 1783). https://juliobeltran.wdfiles.com/local--files/cursos:ebooks/Kant,%20I.-Prolegómenos%20a%20toda%20metafísica%20que%20haya%20de%20poder%20presentarse%20como%20ciencia%20(ed.%20bil.,%20trad.%20de%20M%20Caimi,%20Istmo,%201999).pdf

Kant, I. (2002). *Crítica de la razón práctica* (E. Miñana & M. García, Eds.; 6ta Ed.). Ediciones Sígueme. (Obra original publicada en 1788).

Kant, I. (2005). *La metafísica de las Costumbres* (A. Trad. Cortina & J. Conill, Eds.). Ed. Tecnos. (Obra original publicada en 1785).

Kant, I. (2011). *Los progresos de la Metafísica desde Leibinz y Wolff* (F. Duque, Ed.; 2da Ed.). Tecnos. (Obra original publicada en 1804).

Kirk, C. S., Raven, J. E., & Schoefield, M. (2014). *Los Filósofos Presocráticos Historia Crítica con Selección de Textos Versión Española: Vol. III* (J. García Fernández, Ed.). Gredos.

Malishev, M. (2014). Kant: ética del imperativo categórico. *La Colmena, 89*(12), 9-21. https://www.redalyc.org/pdf/4463/446344312002.pdf

Manzano, J. (2011). El sentido de la muerte en Ser y Tiempo de Heidegger. *Pensamiento. Papeles de Filosofía*, 78-108. https://core.ac.uk/display/55531349?utm_source=pdf&utm_medium=banner&utm_campaign=pdf-decoration-v1

Marcel, G. (1987). *Aproximación al misterio del Ser Posición y aproximaciones concretas al misterio ontológico* (J. L. Cañas Fernández, Trad.). Ediciones Encuentro.

Marcel, G. (2002). *Obras selectas de Gabriel Marcel: El misterio del ser: Vol. I*. Biblioteca de Autores Cristianos.

Marechal, J. (1959). *El punto de partida de la Metafísica V: El tomismo ante la filosofía crítica*. Gredos.

Martínez, F. (1995). *Historia de la filosofía antigua: Vol. I*. Akal.

Marx, C., Engels, F., & Lenin, V. (1965). *La moral de los comunistas* (N. Bichkova, R. Lavrov, & V. Lubícheva, Eds.). Ed. Anteo. https://proletarios.org/books/Varios-La_moral_de_los_comunistas.pdf

Milhaven, J. G. & Wilson, E. (1970). *Toward a New Catholic Morality*. Garden City.

Mill, J. S. (1980). *Sobre la libertad. El utilitarismo*. Ed. Aguilar. (Obra original publicada en 1863).

Mill, J. S. (2008). *Utilitarianism*. Early Modern Philosophy. (Obra original publicada en 1863). http://www.earlymoderntexts.com/assets/pdfs/mill1863.pdf

Mill, J. S. (2017). *El Utilitarismo* (3era Ed.). Ed. Alianza. (Obra original publicada en 1863).

Ockham, G. (1965). Summa Logicae. En P. Boehner, G. Gal, & S. Brown (Eds.), *Guillemi de Ockham opera philosophica et theologica: Vol. I*. Sancti Bonaventurae, Neo Eboraci: Institutum Franciscanum Vniversitatis Sancti Bonaventurae. (Obra original publicada 1487).

Platón. (1871). *Obras Completas de Platón: Vol. 3 y 4* (P. Azcárate, Trad.). Biblioteca Filosófica. https://www.filosofia.org/cla/pla/azf03145.htm

Platón. (1872a). *Obras completas de Platón: Vol. 5 y 6* (P. Azcárate, Trad.). Biblioteca Filosófica. https://www.filosofia.org/cla/pla/azf06009.htm

Platón. (1872b). *Obras Completas de Platón: Vol. 9 y 10* (P. Azcárate, Trad.). Biblioteca Filosófica. https://www.filosofia.org/cla/pla/azf09007.htm

Platón. (1987). Diálogos II Gorgias, Menéxeno, Eutidemo, Menón, Cratilo. Traducciones, introducciones y notas por J. Calonge Ruiz, E. Acosta Méndez, F.J. Oliveri, J.L. Calvo. Editorial Gredos. https://lideresdeizquierdaprd.wordpress.com/wp-content/uploads/2016/06/dialogos-de-platon_ii.pdf

Platón. (1980). *Gorgias. Edición Bilingüe Español-Griego* (U. Schmidt, Ed.). Bibliotheca Scriptorvm Graecorvm et Romanorvm Mexicana. (Obra original publicada entre 389-385 a.C.).

Portuondo, G. (2005). Karl Jaspers: autorreflexión y "existenzerhellung". *Dikaiosyne: revista semestral de filosofía práctica, 15*, 107-120. link.gale.com/apps/doc/A163064761/IFME?u=anon84ec491d&sid=googleScholar&xid=577db37c

Sánchez, M. (2012). Ingenio, Uso Hipotético de la Razón y juicio reflexionante en la Filosofía de Kant. *Anales del Seminario de Historia de la Filosofía, 29*(2), 577-592. https://www.redalyc.org/pdf/3611/361133104005.pdf

Sartre, J. (2003). *El existencialismo es un humanismo.* Grupo Editorial Éxodo. (Obra original publicada en 1946). https://elibro.up.elogim.com/es/ereader/upanamericana/135310?page=15

Sartre, J. (2004). *El ser y la nada.* RBA Coleccionables. (Obra original publicada en 1943).

Sartre, J. (2008). *El ser y la nada: Ensayo de ontología fenomenológica* (J. Valmar, Ed.). Losada. (Obra original publicada en 1943).

Semmel, B. (1984). *J. S. Mill and the Pursuit of virtue.* Yale University Press.

Simon, R. (1974). *Fonder la morale: dialectique de la foi et de la raison pratique.* Éditions du Seuil.

Vicente-Burgoa, L. (2009). Límites del conocimiento metafísico según Kant y Tomás de Aquino. *Tópicos Revista de Filosofía, 37*, 161-202. https://revistas.up.edu.mx/topicos/article/view/120/101

Fundamentos de la ética realista, desde la perspectiva de santo Tomás de Aquino

Dr. Manuel Ocampo Ponce*

1. Punto de partida: la naturaleza y los primeros principios

Sobran indicadores que nos conducen a pensar en la necesidad de un estudio serio y profundo sobre ética que sea aplicable a todos los ámbitos de la actividad humana. Por eso pensamos en la necesidad de recuperar el valor universal del pensamiento clásico y cristiano. Afortunadamente, a finales de la Edad Media, santo Tomás de Aquino desarrolló la propuesta aristotélica de la bondad moral de los actos humanos, a través de la educación en la virtud y del bien común como fin de la sociedad. En efecto, santo Tomás aporta varios elementos a la filosofía y, en general, al pensamiento cristiano que prevalecieron durante la Patrística y la Edad Media logrando una de las mejores síntesis de la historia con elementos muy valiosos de valor perenne.

Como punto de partida podemos recordar que para santo Tomás existen principios del orden moral que se presentan espontá-

* Doctor en Filosofía y Letras por la Universidad Anáhuac del Sur, Ciudad de México. Profesor investigador del Instituto de Humanidades en la Universidad Panamericana, Guadalajara, México. ORCID: http://orcid.org/0000-0003-2895-3340. Correo electrónico: maocampo@up.edu.mx.

neamente a la inteligencia humana de manera intuitiva y sin necesidad de un raciocinio argumentativo. Esto es importante porque el hecho de partir de axiomas o primeros principios proporciona un fundamento sólido a la argumentación deductiva y a las conclusiones que se obtienen a partir de la argumentación. Gracias a las facultades espirituales del hombre y a las virtudes o hábitos buenos, que nos ayudan a conocer la naturaleza en general y la naturaleza humana, tenemos la capacidad de alcanzar los principios del orden especulativo y moral, y de obrar conforme al orden establecido en la naturaleza (Aquino, 2000, *Comentario a la Ética a Nicómaco*, lecc. 8).

Santo Tomás nos habla de lo primeramente justo que el hombre conoce naturalmente en cuanto la naturaleza misma lo ha puesto en el intelecto, y así sostiene que existe lo justo por naturaleza (Aquino, 1963, *Suma Teológica, II-II*, q.57-79; Aquino, 2000, *Comentario a la Ética a Nicómaco*). Pero eso justo por naturaleza, es aquello a lo que la naturaleza humana tiende como a sus fines propios "La naturaleza de cada cosa es su fin" (Aristóteles, 1983, *Política* I, 1552, 8-9). Lo anterior significa que el hombre tiene inclinaciones naturales a fines que le son propios y es capaz de descubrirlos y de alcanzar los primeros principios lógicos y ontológicos teóricos (Ocampo, 2020). así como el primer principio del orden moral que tienen que ver con el fin propio de la naturaleza humana (Aquino, 1962, *Suma Teológica, I-II*, q.90, a.2, ad.3).

Santo Tomás nos enseña que de la misma manera que el hombre conoce espontáneamente los primeros principios del orden teórico, conoce "la *sindéresis* [que] no es una potencia sino un hábito puesto en la mente como iluminando nuestro camino" (Aquino, 1929, *Comentario a las Sentencias de Pedro Lombardo*, Lib.2, d.24, q.2, a.3, sol.). Se trata del primer principio del orden moral conocido prácticamente de modo inconsciente y en cuanto entra en contacto con la realidad:

[...] Así como en el alma humana hay un hábito natural al que llamamos intelecto de los principios, por el que se conocen los principios de las ciencias especulativas, así también en ella se da un hábito natural de los primeros principios que versan acerca de lo operable, que son los principios naturales del derecho natural; este hábito pertenece a la sindéresis. (Aquino, 2016, *De la Verdad*, q.16, a.1, sol.)

Dichos principios constituyen un punto de partida muy importante para cualquier demostración filosófica deductiva, pues actúan como presupuesto indispensable en toda la actividad intelectual y moral del hombre. El hombre se da cuenta de que las cosas son, que son distintas unas de otras y que todo cambio que sucede en todo lo que conoce, exige una causa. Sólo que, en el caso del intelecto práctico que pertenece a la razón práctica como principio y norma universal que constituye la moralidad (*Suma teológica* I-II, q.18, a.5; q.19, a.3 y 4; q.63, a.24 y q.71, a.6)[3], éste es de alguna manera movido por la voluntad del hombre y le ayuda a ordenar sus actos humanos. Lo que santo Tomás hace es buscar los fundamentos últimos de la actividad moral del hombre formulando una doctrina a partir de los datos que le aporta el cristianismo y la filosofía de Aristóteles. Cuando comenta la Ética a Nicómaco de Aristóteles, se refiere a los principios del obrar moral que son los principios del intelecto práctico que Aristóteles no menciona pero que, según santo Tomás, son principios primeros que se conforman a partir de las tendencias de la naturaleza humana como el cuidarse a uno mismo, el tratar de sobrevivir, de socializar, de aprender cosas, de cuidar a los demás, etc. Santo Tomás desarrolla los conceptos de entendimiento especulativo y práctico, principal-

---

3. Podemos encontrar el tema también en la obra *De Malo*, 1,2 y en *De virtutibus cardinalibus*, a.2. El intelecto práctico no es otra facultad sino una actividad de la única facultad intelectual humana que apunta haca aquello que es contingente de la realidad.

mente en su comentario *De anima*, III, lecc. 15, que Aristóteles menciona en *De anima* III c. 10.433 a, 14-26. También podemos encontrarlos en *S.Th.*, I, q.79, a. 1; *De veritate*, p. 3 a3; *VI Ethicorum*, lee. 2; *III Sententiarum*, dist. 13, a.2, a.3.[4]

Esos principios están en los orígenes de la organización del hombre en el mundo y ponen de manifiesto los fines naturales del ser humano. Su importancia también radica en que contienen lo que es naturalmente justo para el hombre y lo que es primordialmente justo para él. Se fundamentan en la tendencia natural hacia hacer el bien y evitar el mal de la voluntad que tiende a esos fines y a su realización (Aquino, ca.1265-1274/1962, *Suma Teológica*, I-II, q.62, a.3)[5]. Aunque, santo Tomás agrega que para aplicar favorablemente esos principios se requiere la rectitud de la voluntad (*Suma Teológica,* I-II, q.56, a.2, ad.3). Todo nos lleva a comprender que santo Tomás sostiene que existe una inclinación natural en el ser humano a obrar según la razón y la virtud:

> [...] Mas todos los seres se sienten naturalmente inclinados a realizar las operaciones que les corresponden en consonancia con su forma; por ejemplo, el fuego se inclina por naturaleza a calentar. Y como la forma propia del hombre es el alma racional, todo hombre se siente naturalmente inclinado a obrar de acuerdo con la razón. Y esto es obrar virtuosamente. Por consiguiente, así considerados, todos los actos de las virtudes caen bajo la ley natural, puesto que a cada uno la propia razón le impulsa por naturaleza a obrar virtuosamente". (Aquino, ca.1265-1274/1962, *S.Th.*, I-II, q.94, a.3)

---

4. Santo Tomás desarrolla los conceptos de entendimiento especulativo y práctico, principalmente en su comentario *De anima*, III, leo. 15, que Aristóteles menciona en *De anima* III c. 10.433 a, 14-26. También podemos encontrarlos en *S.Th.*, I, q.79, a. 1; *De veritate*, p. 3 a3; *VI Ethicorum*, lee. 2; *III Sententiarum*, dist. 13, a.2, a.3.

5. *"Secundo, per rectitudinem coluntatis naturaliter tendentis in bonum rationis"* (Aquino, ca.1265-1274/1962, *S. Th. I-II*, q.62, a.3).

Recogiendo lo anterior podemos decir que la base de la moral realista de santo Tomás radica en el orden de las inclinaciones naturales que dependen del orden que Dios ha establecido en el Universo que ha creado. Hay que recordar que, en santo Tomás, Dios es un postulado en cuanto es una verdad que puede ser demostrada con las solas fuerzas de la razón. (Aquino, 1961, *Suma Teológica*, I, q.2, a.1). En santo Tomás (ca.1265-1274/1963) las cosas tienen una naturaleza y un orden que depende de la sabiduría divina y que el hombre puede alcanzar con las fuerzas de su razón, de modo que, si quiere alcanzar su plenitud, debe obrar conforme a ese orden. Porque lo que va contra el orden establecido por Dios (ley natural) no puede ser más que algo vicioso o pecaminoso que conduce a la frustración (Aquino, 1963, *Suma Teológica*, II-II, q.30 a.1)[6]. Para santo Tomás, como ha sucedido en la conciencia cristiana en general, cuando el hombre se inclina a cosas que no están reguladas por la recta razón, es decir, por la razón que se ajusta al orden objetivo de la realidad, esas inclinaciones son antinaturales, porque las inclinaciones naturales del hombre no lo mueven hacia el mal (Aquino, 2000, *Comentario a la Ética a Nicómaco*, lecc. 13).

También es importante la distinción que hace santo Tomás de las exigencias del ser humano en su totalidad incluida su vida en la sociedad civil y por otro las exigencias personales que en ocasiones pueden entrar en conflicto con las de la comunidad (Aquino, 1963, *Suma Teológica*, II-II, q.65, a.1). En base a eso, santo Tomás incorpora algunos principios que son importantes para la ética individual y social y que impactan en la ética profesional. Entre dichos principios se encuentran aquellos en los

---

6. *"Cum ea quae sunt secundum naturam sint ordinata ratione divina quam ratio humana debet imitari, quidquid secundum rationem humanam fit quod est contra ordinem communiter in rebus naturalibus inventum, est vitiosum et peccatum"* (Aquino, ca.1265-1274/1963, *S. Th.*, II-II, q.30 a.1).

que el bien particular puede ceder en función del bien común. Esto sucede porque el hombre es capaz de descubrir que existe una subordinación objetiva de los bienes en los que los bienes exteriores se subordinan a los bienes del cuerpo, y los bienes del cuerpo se subordinan a los bienes espirituales (*Suma Teológica,* II-II, q. 154, a.2). Para descubrir y obrar conforme a esos principios es necesaria la virtud. De donde se sigue que, en santo Tomás, como sucede en el cristianismo, el hombre virtuoso es el que obra conforme a la recta razón (*Suma Teológica,* II-II, q.23, a.3). La recta razón consiste en que la inteligencia humana es capaz de ver lo que va en conformidad con los fines establecidos en la esencia o naturaleza de las cosas y de juzgar si se ordenan o no se ordenan a esos fines establecidos en ella (Aquino, 1962, *Suma Teológica,* I-II, q.19, a.3). Es de ese modo, y en base a esos principios, que es posible determinar si un acto es objetivamente justo o no. Lo que sucede es que santo Tomás considera que la forma sustancial del hombre es su alma racional y por eso su actividad es buena si se conforma a la recta razón (Aquino, 2000, *Comentario a la Ética a Nicómaco,* lecc. 2). Es claro que, para santo Tomás, la naturaleza racional humana es la fuente del criterio de moralidad de los actos humanos, porque dicho criterio se basa en las inclinaciones naturales del hombre (Aquino, 1962, *Suma Teológica,* I-II, q.94, a.2)[7].

Pero dentro de las inclinaciones naturales hay unas que son muy básicas e inmediatamente necesarias dentro de la naturaleza humana, de las cuales emanan derechos originarios primarios. También existen otras inclinaciones naturales más lejanas de las cuales emanan derechos derivados. En estas inclinaciones lejanas, la inteligencia humana debe indagar qué es conforme

---

7. *"Omnia Illa ad quae homo habet naturaliter inclinationem ratio naturaliter apprehendit ut bona"* (Aquino, 1962, *Suma Teológica,* I-II, q.94, a.2).

al orden natural establecido por Dios mismo[8] (Aquino, 1962, *Suma Teológica*, I-II, q.72, a.4). Otro punto importante es que, en santo Tomás y en general en el cristianismo que tiene como base la filosofía realista, a diferencia de los griegos, no basta considerar que el hombre obre conforme a la naturaleza de las cosas, sino que es necesario considerar la relación entre la voluntad del hombre y la Voluntad de Dios. En la propuesta cristiana, que promueve santo Tomás, lo fundamental es que las naturalezas se deben a Dios y, por lo mismo, cuando por sus actos se alejan del orden establecido en la naturaleza, faltan a la ley que Dios estableció en la creación (*Suma Teológica*, I-II, q.71, a.2, ad.4). Sin embargo, hay que destacar que santo Tomás recoge de los griegos que la virtud es lo que hace bueno al hombre que la posee o que hace buena la obra que realiza, haciéndole capaz de obrar conforme a su naturaleza, es decir, según su razón (*Suma Teológica*, I-II, q.71, a.2, Resp.).

> Según expusimos antes (a.1), el vicio es contrario a la virtud. Mas la virtud de cada cosa consiste en que esté bien dispuesta según lo conveniente a su naturaleza como se ha dijo anteriormente (a.1). Por lo tanto, en cada cosa se debe llamar vicio a las disposiciones contrarias a su naturaleza. […] Pero hay que tener presente que la naturaleza de cada cosa principalmente es la forma, según la cual la cosa logra su especie. Mas el hombre está constituido en su especie por el alma racional. Y por eso lo que es contra el orden de la razón, es contra la naturaleza del hombre en cuanto es hombre. Es, pues, bien del hombre ser según la razón como dije Dionisio en el capítulo 4 *De div. Nom.* Por donde la virtud humana, que hace bueno al hombre y sus obras, en tanto es según la naturaleza del hombre en cuanto conviene a la razón; y el vicio, en tanto es contra la naturaleza en cuanto es contra el orden de la razón. (Aquino, 1962, *Suma Teológica.*, I-II, q.71, a.2, Resp.)

8. "*Quaecumque contínentur sub ordine rationis, continentur sub ordine ipsius dei*" (Aquino, 1962, *Suma Teológica.*, I-II, q.72, a.4).

Sin embargo, el cristiano no puede hacer a un lado a Dios limitándose al orden de la naturaleza, pues para el cristiano la rectitud de la voluntad en el hombre se concibe en su concordancia con la voluntad de Dios a la vez que con la razón. Se trata de la razón que juzga conforme a la ley que Dios estableció en la naturaleza (Aquino, 1962, *Suma Teológica,* I-II, q.71, ad.4). Por eso la exigencia del cristianismo es mucho mayor que la que tenía el mundo pagano.

En lo que se refiere a la voluntad, si el hombre repite sus acciones varias veces en conformidad con la recta razón, la "forma racional" se imprime en el apetito, de modo que se desarrollan las virtudes morales[9] (Aquino, 2000, *Comentario a la Ética a Nicómaco,* lecc. 1). La virtud está en el justo medio, pero no se trata de un justo medio cuantitativo ni igualitario, sino conforme a la recta razón, es decir, considerando los elementos objetivos y subjetivos como sucede en el caso de virtudes morales en las que el justo medio varía según las condiciones particulares de cada persona. Como podemos observar, toda esta doctrina del justo medio, es fundamental en el contexto de una ética realista y cristiana. De hecho, santo Tomás, en su comentario a la Ética Nicomaquea de Aristóteles, va explicando cómo la razón determina el justo medio según las circunstancias individuales de los actos (Aristóteles, 1983, Ética a Nicómaco, II). Esto tiene grandes repercusiones ya que se ha de determinar lo justo objetivo según los casos y circunstancias concretas, pero bajo un criterio prudencial que exige mucho más que el de la mera naturaleza. Santo Tomás define la virtud moral como el hábito que garantiza que nuestros actos sean justos, es decir, conforme a la

---

9. *"Eo quod multoties agimus secundum rationem, iprimitur forma rationis in via appetitiva, quae quidem impressio nihil aliud est quam virtus moralis"* (Aquino, ca. 1271-1272/2000, *Comentario a la Ética a Nicómaco,* Lecc. 1).

recta razón[10] (Aquino, 2000, *Comentario a la Ética a Nicómaco III*, Lec.10). Por eso es muy importante la virtud de la prudencia que nos ayuda a deliberar cuidadosamente para determinar lo justo, considerando las circunstancias. Para ello la razón es fundamental, de modo que la dimensión sensible del hombre debe subordinarse a la racional para obrar objetivamente bien. Lo propio de la razón es establecer el orden, pero en función de aquello establecido por Dios en la naturaleza. El fin de las virtudes morales es garantizar que se actúe conforme a la recta razón por medio de la prudencia que, como hemos dicho antes, es una virtud intelectual y moral. La virtud de la prudencia es un hábito operativo bueno que es intelectual y moral, porque no sólo garantiza el conocimiento de los medios que se requieren para la realización del bien, sino que garantiza el buen uso de la facultad. Es necesario aplicar los primeros principios universales del orden moral, que están en nuestra inteligencia, a las situaciones concretas. A la base de esos primeros principios morales está la sindéresis que es dirigida por la prudencia y que ilumina a otras virtudes morales moviéndolas hacia el logro de los fines buenos (Aquino, 1963, *Suma Teológica*, II-II, q.47, a.6). El fundamento más próximo de los actos humanos es lo que se conoce como el objeto o fin de la obra considerada en sí misma y que está en relación con los deberes humanos de modo que el objeto es la fuente primera y esencial de la moralidad del acto humano. Pero, además, como lo hemos dicho, hay que considerar el fin del agente o del que realiza la acción y las otras circunstancias. Juan Pablo II (1993) sobre el n. 1168 de la obra *In duo praecepta caritatis: Opuscula theologica II* de Santo Tomás de Aquino:

---

10. "*Habitus virtutis moralis definitur ex hoc quod est secundum rationem*" (Aquino, 2000, *Comentario a la Ética a Nicómaco III*, Lec. 10).

Sucede frecuentemente que el hombre actúa con buena intención, pero sin provecho espiritual porque le falta la buena voluntad. Por ejemplo, uno roba para ayudar a los pobres: en este caso, si bien la intención es buena, falta la rectitud de la voluntad porque las obras son malas. En conclusión, la buena intención no autoriza a hacer ninguna obra mala. «Algunos dicen: hagamos el mal para que venga el bien. Estos bien merecen la propia condena» (Rm 3, 8). (Juan Pablo II, 1993, *Veritatis Splendor*, n. 78)

Por eso la prudencia es tan importante, porque dirige la conducta moral del hombre y supone la rectitud de la voluntad que pretende cumplir las inclinaciones naturales de nuestro ser (Aquino, 1962, *Suma Teológica,* I-II, q.56, a.2, ad.3). En el caso de la ética, la prudencia determina lo que es justo considerando todos esos aspectos y fundamentos. Como vemos, santo Tomás es un autor clave dentro de la civilización occidental, porque integra elementos platónicos, aristotélicos y estoicos, es decir, clásicos, helenísticos y medievales logrando una profundización y un desarrollo muy superior a las otras propuestas morales que no pueden garantizar el bien obrar.

2. Consideraciones éticas sobre la ley, el derecho y la justicia como elementos fundamentales de la ética general y aplicada

Una vez considerada la importancia de la naturaleza y de la capacidad de la inteligencia humana para descubrir los primeros principios que se encuentran en ella, es necesario abordar el orden que podemos descubrir en la naturaleza para ver qué es lo que le conviene como bueno y justo. Lo anterior exige abordar la distinción y la vinculación que santo Tomás hace entre la ley y el derecho que son fundamentales en la actividad humana. En santo Tomás, la ley es cierta razón del derecho, de modo que lo justo y lo injusto siempre tiene que ver con la ley o el orden que establece el derecho. De aquí que el derecho sea el objeto de la justicia (Aquino, 1963, *Suma Teológica*, II-II, q.57). Y la justicia consiste en dar a cada uno lo que es suyo. Eso implica un hecho por el cual a alguien le corresponde algo o le es propio algo, y eso es el derecho (Aquino, 2007, *Suma Contra Gentiles*, II, 2). De modo que la justicia sigue al derecho y lo presupone, mientras el derecho emana de la ley o el orden de las finalidades establecidas en la naturaleza. El derecho como objeto de la justicia implica "cierta igualdad de proporción de la cosa exterior a la persona" (Aquino, 1963, *Suma Teológica*, II-II, q.58, a.10, Resp.) y "El derecho o lo justo es algo adecuado a otro conforme a cierto modo de igualdad" (*Suma Teológica*, II-II, q.57, a.2, Resp). Pero esa igualdad no es únicamente cuantitativa sino moral o cualitativa. No se trata sólo de cosas sino de considerar la igualdad bajo la razón de bien (Aquino, 2000, *Comentario a la Ética a Nicómaco*, LII, lecc. VII, n.322). Se trata de una perfección que cualifica la relación y lo que se debe haciendo la acción justa. El derecho o lo que se debe a alguien, es decir, lo justo, es un bien que puede ser particular o común. Y aquí lo justo particular se funda en lo justo legal, pero el bien particular tiene relación directa con el bien común que es el verdadero bien de todos y cada uno de los miembros de una sociedad. De esto se sigue que los títulos jurídicos tanto en justicia distributiva como en justicia conmutativa, son títulos por ordenarse inmediatamente o mediatamente al bien común, que es el principio más importante del orden jurídico y del orden político en cuanto constituye la causa final.

En función de eso es necesario considerar que, en la ética realista como ciencia filosófica, sabemos que el ser es análogo (Fraile, 1986, pp. 292-295), es decir, en parte igual y en parte distinto, y como el bien es una propiedad trascendental del ser, la analogía se aplica para determinar el fin último y los medios que se requieren para alcanzar ese fin. De este modo vemos que el derecho o lo debido es un medio ordenado por la ley en función de un bien considerado como fin. O dicho de otro modo el bien que es el derecho o lo justo, ha de concretarse en acciones que se ordenen según la ley al bien común, que es el verdadero bien conforme a la naturaleza de todos y cada uno de los miembros de un grupo social. Es así que el derecho o lo que se debe a alguien y que es lo justo, es objeto de la justicia y de la prudencia, porque hay que conocer la ley o el orden que establece lo que es objetivamente justo.

Con lo anterior podemos concluir que hay dos actos: uno primero que es el derecho y un segundo que es el acto de justicia como objeto del derecho. Una cosa es el poder jurídico y otra lo justo objetivo que es el objeto del poder jurídico. También hay que ver que son distintos el derecho como la cosa justa y la ley que determina lo que es justo o no. Respecto a lo que es justo, hay una relación entre las acciones, el poder y la ley. Porque las acciones, el poder y la ley tienen como objeto común lo justo, y estas tres cosas se vinculan con lo justo análogamente. En el orden lógico o de los conceptos, el derecho o lo justo como analogado principal, mientras que las acciones, el poder y la ley son analogados secundarios. Lo justo o el derecho que es el analogado principal, incluye a los analogados secundarios tanto en el derecho considerado como objeto de la justicia (débito o crédito) o considerado como objeto de la ley (Lamas, 2022, pp. 54-56). En este caso podemos ver que el derecho es análogo con analogía de proporción intrínseca y por eso se utiliza para significar distintas cosas, pero lo importante aquí, es que esas cosas guardan una relación con su analogado principal que es el derecho o la justicia.

Sin embargo, para avanzar un poco más en estos principios de la ética general realista, hay que profundizar en la relación entre el derecho y lo justo objetivo. Y aquí hay que considerar que santo Tomás define la ley como: "cierta ordenación de la razón al bien común, promulgada por aquel que tiene a su cargo la comunidad" (Aquino, 1962, *Suma Teológica*, I-II, q.90, a.4. Resp). Se trata de una ordenación de la razón; una regla o medida en la que la inteligencia es un primer principio de los actos humanos. Y esto es porque la razón tiene como función ordenar al fin, que es el que mueve como primer principio a las acciones (*Suma Teológica*, I-II, q.91, a.2). Y aquí hay dos razones: la humana y la que ordena todo el universo como Causa de él. Y por tanto dos leyes: la ley humana y la ley del Universo que santo Tomás considera como ley eterna o divina de la que derivan todas las demás leyes y que puede ser alcanzada por las solas fuerzas de la razón humana. Este punto es muy importante porque lo que los seres humanos vemos primero es la ley humana y de ahí vamos viendo y deduciendo la ley Divina y a Dios como fundamento último de toda ley, en cuanto Él mismo es Ley.

Por eso en el orden lógico o de los conceptos el derecho es anterior a la ley, pero en el orden de la perfección y la causalidad la ley es lo primero, porque primero es el orden que ya está establecido en la naturaleza de las cosas, y de él emanan los derechos. En este caso la ley eterna es el analogado principal con analogía de proporción o atribución intrínseca, es decir, fundada en la relación de causa y efecto y con analogía de proporcionalidad propia fundada en distintas proporciones que se dan en el ser, porque la Inteligencia de Dios rige a todo el universo jerárquicamente (*Suma Teológica*, I-II, q.91). Y de eso se sigue que esa ley cuando es descubierta por el hombre con las fuerzas de su razón natural se llama ley natural, que no es otra cosa que la misma ley eterna, pero en la creatura racional que la descubre (*Suma Teológica*, I-II, q.91, a.2). El hombre descubre así los primeros principios que regulan el orden práctico, que son evidentes por sí mismos, universales, inmutables e indispensables que están insertos en el primer principio del orden moral que es la sindéresis y que se enuncia como: "el deber de hacer el bien y evitar el mal" (Aquino, 2016, *De Veritate*, q.16, a.1).

La naturaleza es el primer principio de operaciones o de actividad de los entes, pero en el hombre este principio adquiere un carácter formal, porque gracias a su inteligencia, es capaz de conocerlo racionalmente. De hecho, la naturaleza es principio de inteligibilidad de las cosas; se trata de lo que cada ente tiene de inteligible, es decir, su esencia universal separada de las notas individuales de los entes (Aquino, 2011, *Sobre el ente y la esencia*, c.I.) y que el intelecto abstrae de la cosa (*Sobre el ente y la esencia*, Proemio). Pero, además, la esencia es lo que permanece, lo que es inmutable y principio de mutación. De modo que la naturaleza no debe confundirse con todo aquello que varía dentro de la individualidad de los entes. Es así que la naturaleza puede ser entendida como la esencia o sustancia segunda que es universal en cuanto principio de movimiento, y que el intelecto separa de la cosa concreta que conoce (Aquino, 1956, *Cuestiones Cuodlibetales*, VIII, a.1).

La naturaleza humana universal es principio de movimiento o de cambio, pero dentro de los límites y según el orden de la misma esencia o naturaleza. La sustancia segunda es el universal inteligible que se encuentra en las sustancias primeras y que contiene todo lo que determina el modo de ser de un ente, sus posibilidades de cambio y el límite de sus cambios o transformaciones, es decir, todo aquello por lo que una cosa es lo que es: su esencia. El hombre conoce la sustancia primera en su sustancia segunda que es el universal en el intelecto, o también en la cosa singular (Aquino, 1961, *Suma Teológica*, I, q.56, a.3. resp). De modo que todo lo que se encuentra en la sustancia segunda, está contenido en la sustancia primera que es la cosa concreta singular, cuya materia también la limita. De hecho, sustancia primera y sustancia segunda coinciden, porque su distinción sólo es una distinción de razón con fundamento en la realidad (Aquino, 2012, *De Potencia*, IV, a.2, ad.6).

Lo inmutable que produce la mutación es la sustancia primera y segunda. Entonces, en un primer acto se conoce la naturaleza como principio de actividad que es orden y límite de esa actividad, y en un segundo acto, de la ley natural se deducen leyes o normas positivas que son conclusiones que se deducen a partir de la ley natural ya sea como principio o como determinación de algo que sólo está parcialmente determinado por la ley natural, de modo que el hombre puede elaborar leyes para resolver casos concretos (Aquino, 1962, *Suma Teológica*, I-II, q.95, a.2). Este es el caso de la actividad humana cotidiana en la que es preciso elaborar normas que regulen los casos concretos sin contradecir el orden natural (Hervada, 1994, pp. 165-170). Y aquí entra la distinción entre el orden moral y el jurídico, porque lo jurídico en sentido positivo, es sólo una parte de lo moral que se exige para la vida pública. La parte jurídica de todas las actividades humanas está subordinada al orden moral del que depende.

En suma, la ley participa del derecho entendido como lo justo analógicamente que participa de la analogía de la ley, porque lo reglado participa de la ley que es su medida (Hervada, 1994, pp. 137-138). Y así, la analogía de proporción o atribución intrínseca, en el orden ontológico y de la perfección, el derecho no es analogado principal, porque como cosa justa no es causa sino efecto de la ley en cuanto es regulado y medido por la ley. Por eso, en el orden real objetivo, el derecho se integra a la analogía de la ley, que es una analogía de proporción o atribución intrínseca, cuyo analogado principal es Dios como causa del orden de todo el universo. Se trata de Dios como Ley eterna que es el fundamento último del derecho y de todo el orden jurídico y moral. Así pasamos del orden lógico, que es el orden de los conceptos, en el que el derecho parece ser lo primero y principal, al orden ontológico en el que encontramos la ley como fundamento real del derecho. En este punto vemos cómo santo Tomás integra lo justo y la ley.

El *to-dykayon* aristotélico o el *ius* romano y la ley de los estoicos, de Cicerón, de San Pablo y San Agustín. El derecho es un accidente que inhiere en la persona humana y recibe el ser de ella a la vez que determina y perfecciona accidentalmente a la persona humana (Hervada, 1994, p. 63). Por eso no se entiende el derecho si no se entiende la naturaleza humana en la que descubrimos un orden natural que es la ley natural y su fundamento en el orden causal que es la Ley eterna. La ley, no es el derecho, pero es cierta *ratio iuris* o analogado del derecho. Y el derecho o lo justo, participa de la ley porque, como lo hemos dicho, es regulado o medido por la ley que es el criterio objetivo de moralidad, es decir, la regla o el indicador para determinar si un acto humano es éticamente bueno o malo.

De aquí la importancia de partir de un adecuado concepto de naturaleza para descubrir en ella el orden natural entre los medios y los fines, que es la ley natural, y así poder considerar la relación entre el derecho y la ley para determinar si un acto es bueno y, por tanto, justo. Sobre todo, la ley moral que se manifiesta por el orden jerárquico de los bienes. El derecho se fundamenta en la ley moral cuyos primeros principios son aprehendidos con evidencia inmediata e intrínseca. El hombre necesita de esos bienes/fines para realizarse y alcanzar su último fin y la justicia consiste, así, en dar a cada uno lo suyo, es decir, su derecho o lo que le pertenece (Aquino, 1962, *Suma Teológica*, I-II, q.90, a.1, ad.2). Los derechos que tienen las personas son los medios para cumplir cabalmente con la ley moral. Y por eso es obligatorio respetarlos, porque son necesarios para que el hombre alcance su fin (Hervada, 1994, p. 146). Es algo que se debe a la persona moralmente hablando, es decir, cuya obligación es primordialmente en conciencia. Es sólo de este modo que podemos decir que existe la obligación moral de obrar bien dando a cada uno lo que le corresponde.

Por tanto, el derecho natural pertenece a la ley natural como la parte pertenece al todo. La ley es más amplia que el derecho porque de la ley sólo es derecho, aquello que se le debe a una persona conforme a la justicia (Hervada, 1994, p. 173). Por su parte, el derecho positivo recibe su obligatoriedad del derecho natural cuya fuerza deviene de la misma naturaleza de las cosas que es la ley natural moral (Hervada, 1994, pp. 176-177). Dentro de la naturaleza social del hombre, es decir, en el hombre que vive en sociedad, es muy importante el orden jurídico o lo que se llama hoy estado de derecho, porque sin ese orden es imposible la justicia y la paz.

La importancia de aclarar todo esto para fundamentar la ética realista radica en que el no considerar estas relaciones o considerarlas erróneamente, conduce necesariamente a la negación de los derechos naturales, del orden jurídico y del estado de derecho. El problema radica en que a partir de Kant obligación y moral se identifican y con ese cambio se altera toda la perspectiva. Porque al afirmar la incapacidad de la inteligencia humana para conocer un orden objetivo moral, sólo quedan los consensos en base a intereses generales o de "mayorías" para determinar lo que es justo y la experiencia nos muestra que lo intersubjetivo no siempre garantiza que se alcance la verdad. Esa es la razón por la que hoy encontramos tantas "leyes" injustas y que en realidad no son leyes en cuanto no respetan la naturaleza humana y el orden establecido en ella, y de ese modo acaban siendo desorden en lugar de orden. Lo anterior impacta gravemente a la ética, pues si negamos la capacidad intelectual para conocer el orden de la naturaleza, queda abierta la puerta que conduce al relativismo.

3. El bien común como principio fundamental de la ética realista

De lo visto hasta ahora podemos deducir que, debido al carácter naturalmente social del hombre, eso que es ordenado y justo en cuanto los medios se ordenan a los fines ha de ordenarse no sólo individualmente sino al bien común de la sociedad. Dicho de otro modo, no es posible formar una sociedad si no hay un único bien para todos que es el bien común (Aquino, 2016, *De la Verdad*, q.22, a.2). Y debido la naturaleza social del hombre, ese bien común no puede ser alcanzado por el individuo aislado. Al respecto dice Santo Tomás que:

> Queda manifiesto por lo dicho que cuanto algo es más perfecto en poder y es más eminente en su grado de bondad, tiene apetito de un bien tanto más común y busca el bien y lo realiza en cosas más distantes a sí. Porque las cosas imperfectas sólo tienden al bien del propio individuo; en cambio las perfectas al bien de la especie; las más perfectas al bien del género; más Dios, que es perfectísimo en bondad, al bien de todo ente. (Aquino, 2007, *Suma Contra Gentiles*, III, c. 24, *ad ex quo patet*)

Y ese bien de todo ente es precisamente el bien común que por ser el bien del todo incluye el de cada una de las partes. El bien privado es poseído por su propietario y se subordina a él, pero el bien común exige sumisión porque para gozar de todos los bienes hay que someterse a las exigencias de este bien que no puede ser otro que las exigencias que Dios establece en la creación:

> Ciertamente la parte quiere el bien del todo en cuanto le es conveniente más no de tal modo que refiera el bien del todo a sí mismo, sino, más bien, de modo que se refiere ella misma al bien del todo". (Aquino, 1963, *Suma Teológica*, II-II, q.26, a.3, ad 2)[11]

De esto se desprende que cuando se trata de Dios como bien común, es más amado que el bien particular o privado porque Dios es el "principio de la felicidad y la realización plena de to-

---

11. *"Bonum totius diligit quidem pars secundum est sibi conveniens: non autem ita quod bonum totius in se referat, sed portius ita quod seipsam refert in bonum totius"* (Aquino, 1963, *Suma Teológica*, II-II, q.26, a.3, ad 2).

dos, es decir, de su bienaventuranza"[12] (Aquino, 1956, *Cuestiones Cuodlibetales*, I, q.4, a.3, c).

De este modo se establece el bien común como fundamento de la moral en general y de la ética realista y en este punto la aportación aristotélica es muy importante. Porque hay que recordar que para Aristóteles el fin de la ciudad es el mismo que el de los ciudadanos que la habitan. Y aquí Aristóteles subordina al individuo a la ciudad. Aristóteles sostiene que la ciudad es anterior al individuo porque lo primero en cada cosa es el fin. Y como la naturaleza busca que cada uno se baste a sí mismo, y el hombre sólo puede bastarse a sí mismo en la ciudad, de esto se sigue que su fin es la ciudad (Aristóteles, 1983b, *Política*, I, 153a 19). Para Aristóteles importa la comunidad, por eso dice que quien no vive en comunidad o es bestia o es un dios. Aristóteles sostiene que todos están de acuerdo en asignar un mismo fin a la ciudad y a los ciudadanos que es la felicidad que consiste en lo mismo. Justo en el primer capítulo del libro primero de la *Ética Nicomaquea* trata sobre este asunto cuando se refiere al soberano bien. Aristóteles establece que "el fin de la política será el bien propiamente humano" (Aristóteles, 1983a, *Ética a Nicómaco*, I, 1, 1094a 25-1094b 6).

El hombre busca la felicidad, pero en Aristóteles el fin propiamente humano es preferible al bien del individuo porque, aunque coincidan los dos bienes, es más bello y divino el fin propiamente humano que el del individuo (*Ética a Nicómaco*, I, 1, 1094b 7-10). En ese mismo tema, santo Tomás sostiene que toda operación debe someterse a la política. El motivo es porque la política determina si ha de usarse o no y cuándo y cómo ha de usarse. Porque toda actividad se ordena al fin de la vida humana (Aquino, 2000,

---

12. *"Manifestum est quod Deus est bonum commune totius universo et ómnium partium eius"* (Aquino, ca. 1269-1272/1956, *Cuestiones Cuodlibetales*, I, q.4, a.3, c).

Comentario a la Ética a Nicómaco, n.26). De donde se sigue que el fin de la política es el bien humano, esto es, lo óptimo en las cosas humanas (*Comentario a la Ética a Nicómaco*, n.29). Santo Tomás explica que el calificativo de divino que Aristóteles confiere al bien humano se justifica porque tiene que ver más con la semejanza de Dios que es la causa última de todos los bienes[13] (*Comentario a la Ética a Nicómaco*, n.31). De tal suerte que, a la política le corresponde considerar, no el fin del universo, sino el último fin de la vida humana.

Santo Tomás retoma a Aristóteles diciendo: "porque la doctrina de este libro contiene los primeros elementos de la ciencia política" (*Comentario a la Ética a Nicómaco*, n.31). Y continúa diciendo que la ciencia política se interesará de modo muy particular en estudiar las obras virtuosas, principalmente las que están en relación con la justicia (*Comentario a la Ética a Nicómaco*, n.33). Y añade que se trata de que los ciudadanos obren conforme a la virtud, y por eso establecen leyes que conllevan premios y castigos que favorezcan la vida virtuosa (*Comentario a la Ética a Nicómaco*, n.174). Para santo Tomás, el bien común es el verdadero bien, es decir, el bien conforme al orden establecido en la naturaleza de todos y cada uno de los individuos que conforman un grupo social, de modo que no se trata de sacrificar el bien individual de unos para lograr el bien de todos, sino de respetar el orden establecido en la naturaleza para alcanzar el verdadero bien de todos y cada uno de los miembros de la sociedad, es decir, su realización plena. Santo Tomás no ve la sociedad y el bien común como un todo colectivo en el que la parte se subordina al todo de modo que pueda intentarse lograr el bien del todo sacrificando la parte, sino

---

13.   "*Dicitur autem hoc esse 'divinius', eo quod magis pertinent ad Dei similitudinem, qui est ultima causa ómnium bonorum*" (Aquino, ca. 1271-1272/2000, *Comentario a la Ética a Nicómaco*, n.31).

más bien como un universal distributivo en el que los bienes se distribuyen subsidiariamente entre los miembros de la comunidad respetando el orden establecido en la naturaleza que no es otro que el de la jerarquía de los medios y fines.

El problema consiste en que después de este pensamiento sólido clásico y medieval, el liberalismo, bajo el principio de inmanencia, ha producido una solución de continuidad entre la ética y la política, y entre la ética y otras disciplinas como el derecho y, en última instancia, con todas las áreas del saber científico y técnico. El liberalismo limita a la ética al ámbito de lo individual y la política al ámbito de la comunidad separando a la política de la consideración del fin último del hombre. Este ha sido el problema del laicismo que se opone radicalmente a una visión realista del Estado como lo plantea santo Tomás de Aquino siguiendo a Aristóteles que sostiene que el hombre aislado no existe porque, en cierto sentido, el todo es anterior a las partes. Pero en santo Tomás el bien del todo implica al bien de todas y cada una de las partes.

Por eso el Estado y la misma ética padece a partir de las ideas modernas que coinciden con el secularismo y el laicismo. Esto ha tenido un impacto tremendo en la distribución de los bienes, tanto en el capitalismo liberal como en el marxismo socialista o comunista. Desde luego las leyes se han visto sensiblemente afectadas por esta visión moderna en múltiples áreas. Y es que, en el fondo, lo que desapareció con la modernidad, fue el concepto de bien común con lo que toda convivencia humana se ha visto alterada. Por eso, en muchas ocasiones, no ha quedado más que la ley de la selva o del más fuerte. El bien común fue sustituido por la lucha de unos contra otros tal y como lo presenta, en el siglo XVII, Thomas Hobbes en su obra *Leviathan* (Hobbes & Gaskin, 1998). De hecho, la lucha de Hobbes en la que el hombre es lobo del hombre, se sustituye posteriormente por la lucha por los mercados. A partir de eso se oscila entre el capitalismo individualista y el colectivismo marxista.

Contra esos hechos prevalece en la historia la propuesta del aquinate que afirma:

> [...] De aquí que, al ser todo hombre parte de un estado, es imposible que sea bueno si no vive en consonancia con el bien común, y, a la vez el todo no puede subsistir si no consta de partes bien proporcionadas. En consecuencia, es imposible alcanzar el bien común del Estado si los ciudadanos no son virtuosos [...]. (Aquino, 1962, *Suma Teológica*, I-II, q.92, a.1, ad.3)

La actividad de cada persona que conforma una sociedad, no puede ser una imposición arbitraria de los más fuertes, sin relación con el bien común como verdadero bien de todos y cada uno de los miembros que conforman la sociedad y que es imposible de alcanzar sin la vida virtuosa.

4. La justicia como objeto del derecho en una ética realista

Desde el inicio de este estudio hemos venido resaltando la importancia de la vida virtuosa para una ética realista y objetiva que garantice un buen comportamiento moral de la sociedad. También hemos visto que el bien común es el fin de la sociedad. Pero el bien común supone una sociedad justa por lo que es hora de considerar la virtud de la justicia que es una virtud fundamental por ser una virtud moral que perfecciona al que la posee, y es un bien jurídico en cuanto su realización causa una perfección objetiva que está contenida en la norma justa o en el acto justo. Dicha justicia que consiste en dar a cada uno lo que le corresponde, se distingue por el sujeto al que va dirigida en tres tipos de justicia que son la justicia general, la justicia legal o social y la justicia particular (del Busto, 1988, p. 10).

La justicia recibe el nombre de general porque, en alguna medida, impera las demás virtudes (Aristóteles, 1983a, *Ética Nico-*

maquea, 1129, 15-35); recibe el nombre de legal porque su instrumento es la ley que santo Tomás define como "la ordenación de la razón para el bien común promulgada por aquél que tiene a su cuidado la comunidad" (Aquino, *Suma Teológica*, I-II , q.90, a.4); y por último recibe el nombre de social porque el bien común es la causa final de la sociedad. También tenemos una justica individual o particular que busca lo que le corresponde a cada individuo o a cada grupo social. Y esa justicia particular puede ser distributiva, si regula los derechos de los individuos y grupos frente a la sociedad; o conmutativa, si regula los derechos de los individuos y grupos frente a otros individuos y grupos. En el caso de la justicia distributiva con un criterio de igualdad geométrica, que veremos más adelante, y en el caso de la justicia conmutativa con un criterio de igualdad aritmética (Aristóteles, 1983a, *Ética Nicomaquea*, 1131a 10-1132b 20).

Si aplicamos lo anterior a lo que cada individuo aporta en la sociedad, todo lo que aporta es una exigencia de la justicia general, legal o social y también de la justicia distributiva. Existe una exigencia de contribuir al bien común por la justicia general, porque es necesario para el bien común que los ciudadanos contribuyan a dicho bien. Y es una exigencia de la justicia distributiva en cuanto los individuos deben contribuir con lo que objetivamente le corresponde según su situación, sus talentos, bienes, etc. (Del Busto, 1988, p. 11). Con lo anterior podemos distinguir lo justo por naturaleza que es objetivamente justo y no depende del legislador humano, como sucede en el principio de legalidad de lo que cada individuo contribuye, de lo justo puramente legal que Aristóteles define como: "todo lo que en principio puede ser de este modo o de otro, pero que cesa de ser indiferente desde que la ley lo ha resuelto" (Aristóteles, 1983a, *Ética Nicomaquea*, 1134a 10-1135a 5). En este último caso se pueden dar cambios en las leyes positivas según los contextos, países, individuos, etc.

De la dependencia que tiene la contribución de cada individuo conforme a la justicia general, legal o social se deduce que para que una contribución sea justa, ha de haber legalidad, es decir, provenir de la ley tanto materialmente como formalmente. Esto significa que debe obligar a todos los que se refiere; tener como fin el bien común y ha de realizarse para el servicio y el bien privado y público. Pero además lo que cada individuo aporta al bien común, también depende de la justicia distributiva, de modo que tiene ciertas características como son la pluralidad, la igualdad proporcional geométrica que se opone al privilegio y su progresión (del Busto, 1988, p. 11).

Pero, además, la universalidad de la ley deriva de su relación con el bien común que, como hemos dicho antes, es un universal distributivo y no un todo colectivo. Por eso, para que lo que cada individuo aporta sea justo, ha de aplicarse subsidiariamente, según los casos concretos. Y lo que es justo obliga en conciencia en cuanto se ordena al bien común. De aquí también se sigue la exigencia de una pluralidad de actos y no de uno sólo, para que la medida sea justa según la multitud de casos.

Otro aspecto que se deduce de esto es la importancia de la igualdad proporcional geométrica que había propuesto Aristóteles (Aristóteles, 1983a, *Ética Nicomaquea*, 1131a 10-1131b 15). La igualdad aritmética no puede ser justa porque, en una sociedad, no todos están en las mismas condiciones. Esta igualdad geométrica se refiere a lo que aportan al bien común los hombres pobres, los de clase media y los ricos. Esta igualdad proporcional geométrica, excluye las excepciones de personas y reafirma la obligatoriedad y la universalidad de la ley que deriva de su relación con el bien común como universal distributivo. De la justicia distributiva también se sigue que lo justo sea tomar sólo una parte del patrimonio del bien común. Porque si lo que se beneficia es demasiado grande puede constituir una injusticia por tratarse de algo parecido a una confiscación que en todo caso es ilícita en cuanto constituye el límite de la acción.

Por tanto, debe haber una ley justa que exige las siguientes virtudes: la ciencia, es decir, saber o conocer la ley y estar actualizado sobre ella y sobre su práctica; la honestidad para dar lo justo y sobre todo la prudencia para ponderar todos los elementos que se requieren para el discernimiento de lo que cada persona debe dar. Estas virtudes son necesarias, porque la contribución al bien común, es una obligación moral. No se trata de una obligación únicamente civil y penal, sino que, como hemos visto a lo largo de este trabajo, hay culpabilidad y responsabilidad moral si no se cumple. Por eso la ética indica que una conciencia bien formada ha de ser verdadera (Aquino, 2016, *De la Verdad*, q.17. a.1), en cuanto juzga conforme al orden objetivo moral que es la ley natural moral; recta, en cuanto juzga conforme al dictamen de la propia razón; y cierta, en cuanto juzga sin temor a equivocarse: "La conciencia moral puede definirse: el dictamen o juicio del entendimiento práctico acerca de la moralidad del acto que vamos a realizar o hemos realizado ya, según los principios morales" (Royo Marín, 2007, p. 156). Y es mejor aún si en su juicio es delicada, es decir, si juzga bien hasta en los mínimos detalles. Dicha conciencia que descubre la ley natural, se percata de que la ley natural rige al hombre individual y socialmente porque el hombre es naturalmente social. Por eso se da cuenta de que el fin del individuo y de la sociedad en su conjunto, es el bien común para el cual se requiere un orden en todas las actividades que implica la vida social. Todo hombre con uso de razón es capaz de darse cuenta de esa necesidad y de sentir ese llamado de la justicia a contribuir al bien común. Sólo las conciencias deformadas o que no tienen capacidad de razonar son incapaces de darse cuenta de eso. Al respecto, Eudaldo Forment, siguiendo la cuestión 77 de la *Suma Teológica* I-II de santo Tomás de Aquino en la que el aquinate comenta a Aristóteles, resalta lo siguiente:

Como para obrar bien el hombre se gobierna por una doble ciencia, universal y particular, basta que falte cualquiera de ellas para que falle la rectitud de la voluntad y de la obra [...] el que está dominado por la pasión no considera en particular, lo que en universal ya conoce, porque la pasión impide el considerarlo. (Forment, 2003, p. 281)

Por lo anterior existe una exigencia moral y jurídica a contribuir al bien común de la que se deriva que no hacerlo es un ilícito jurídico y moral. Sin embargo, el hombre no está obligado más allá de lo que le corresponde en justicia de modo que no le obliga lo que es injusto. Nunca es lícito emplear medios intrínsecamente malos como son la mentira, el ocultamiento improcedente, la omisión dolosa y otros medios evasivos para no colaborar con lo que, en justicia, se debe colaborar. Todos estos medios son ilícitos por su objeto y, por tanto, la acción siempre será mala porque el fin no justifica los medios (Aquino, 2005, *In duo praecepta caritatis: Opuscula theologica*, II, n.1168.). La obligación civil y moral depende de que sea lo justo y lo justamente aplicado.

La ética realista sostiene que lo justo debe cumplir con las cuatro causas de la realidad (Aquino, 1962, *Suma Teológica*, I-II, q.95). La causa final consiste en que la acción se justifique en función del bien común, ya que el fin es la causa de las causas que determina la viabilidad de la obra a realizar. La causa eficiente consiste en que sea algo reconocido por los representantes de la sociedad. La causa material consiste en que para que la acción sea justa debe haber una realidad que manifieste que hay una capacidad para realizarla, pues ninguna acción puede fundarse sobre algo que no sea real. Por último, la causa formal que consiste en la acción misma que debe ser proporcionada y adecuada a la capacidad de cada individuo que realiza una acción. Lo anterior se sigue, lógicamente, porque si la persona no tiene esa perfección o capacidad, no puede exigírsele. O sea que, debe haber una necesidad o utilidad objetiva en función del bien común que ha de ser legitimada e impuesta por la autoridad competente (respetando el orden objetivo), debe ser viable y, por último, debe adecuarse a la capacidad de las personas que conforman la sociedad. Si no se cumple con esas exigencias, no hay obligación moral aun cuando en las legislaciones civiles puedan existir leyes que "obligan" civilmente a muchas cosas.

Pero, además, como la causa que es causa de las demás es la causa final, por eso es tan importante el bien común en la propuesta de santo Tomás. Porque, como lo hemos venido diciendo, el bien común no es cualquier bien, sino que exige la perfección de todos y cada uno de los miembros de una sociedad y de la sociedad en su conjunto. El bien común consiste en la perfección del hombre como individuo y como sociedad. Es curioso porque en la visión tomista, a diferencia de la aristotélica, el fin no es la especie humana sino la persona. Y eso es muy importante porque, como lo hemos venido diciendo, en santo Tomás, el bien común se alcanzará en la medida en que se logre la perfección de los individuos. Y ese bien es ambicioso porque supone el bien integral de la persona, es decir, el cumplimento de lo que la ley establece como el deber ser.

Por último, en una sociedad ante lo que es objetivamente injusto, existe el derecho de rebelión que ha de cumplir con los requisitos que se deducen del mal menor[14] y que señala la ética general:

---

14. "*Quia etiam minus malum videtur al iqualiter esse bonum inquantum est eligibile*". Aquino, Tomás de. *Sent. Libr. Ethicorum*, V, 1c 1,14; "*Minus malum pro amiore malo per mittendum est*" Aquino, Tomás de. *Comm. Libr. Sententiae*, II, d.23, q.1, a.2; "*De duobus malis eligendum est minus malum*". Aquino, Tomás de. *Com. Libr Sententiae* IV, d.6, q.1, a.1. "*Cum autem inter duo, ex quorum utroque periculum imminet, eligere oportet, illud potissime eligendum est ex quo sequitur minus malum*". Aquino, Tomás de. *De regimine principium*, I,6. *Cfr.* Aquino Tomás de. *Libr. Sententiae*, IV, d.19, q.2, a.3; *De malo* q. 1, a.5; *S.Th.*, I, q.48, a.6.

1. Que la injusticia sea tal que no pueda pasarse por alto.
2. Que haya la firme voluntad de colaborar con lo justo y sólo se recurra a la rebelión para evitar algo injusto.
3. Que no haya otros medios para lograr la justicia pacíficamente.
4. Que exista proporción entre el mal que se va a tolerar y las probabilidades de éxito.

Si no se cumplen estos requisitos que son análogos al voluntario indirecto y al mal menor, no procede moralmente la rebelión, porque producirá más daño que bien con lo cual todos saldrán perjudicados. Sin embargo, el hecho de que no proceda la rebelión, no implica que moralmente haya la obligación de realizar actos injustos o ilícitos, ya que, como lo hemos dicho antes, sólo aquello que es justo genera el deber moral. Lo que sucede en estos casos es que, debido a la imperfección que deriva de la complejidad de lograr todo lo que es justo, hay que tratar de colaborar, aun cuando existan ciertas imperfecciones siempre y cuando se vea en función del bien común y dentro de los límites de la prudencia. Y aquí es prudente aclarar que este principio no sólo lo es del pensamiento de santo Tomás de Aquino, sino del pensamiento cristiano católico que se conoce como doctrina social cristiana. De modo que, para ayudar a un juicio prudente hay que considerar que un acto justo será aquel que dispone la autoridad legítima y que está en conformidad con la capacidad de los ciudadanos, según la justicia distributiva, y sin presionar más de lo necesario, para lograr todo aquello que se encamine a la promoción del bien común (*Catecismo de Doctrina Social*, 1989, p. 146).

En este caso los ciudadanos deben ser educados en la responsabilidad para colaborar con toda clase de acciones, considerando la dificultad de determinar con precisión todo lo que es justo y lícito y que ninguna sociedad puede vanagloriarse de haber resuelto ese problema adecuadamente en la práctica. Nada que engrandezca al

Estado en detrimento de las personas que conforman la sociedad, puede ser justo, porque no es justo quitar a los individuos y otorgar a la comunidad lo que ellos pueden realizar por su esfuerzo, tal y como lo marca el principio de subsidiariedad. De lo anterior también se sigue que, la omisión de los individuos de colaborar con actos que contribuyan al bien común, es una injusticia que se deriva de la obligación de realizar obras de beneficio social que contribuyan solidariamente al verdadero bien de todos y cada uno. En lo que se refiere al principio de subsidiariedad, la intervención del Estado en la actividad de los ciudadanos ha de ser de tal modo que lo que puedan hacer libremente los ciudadanos para alcanzar el bien común, no debe hacerlo el Estado.

Según la doctrina social cristiana, cuyos principios se extraen de la naturaleza social del hombre, tal y como la presentó santo Tomás, el hombre ha de contribuir al bien común. Sin embargo, hay casos específicos en los que podría cesar la obligación, por lo que la prudencia aconseja consultar con personas técnica y moralmente idóneas para esos casos. También podría cesar la obligación si el Estado propone inmoralidades como la persecución religiosa, promoción de abortos, destrucción de la libertad, etc., o bien cuando el gobierno derrocha injustamente los bienes de los ciudadanos.

Conclusión

El valor perenne de los principios del pensamiento clásico y cristiano que rigen la moral y la distinguen de la ética como ciencia filosófica, ha sido históricamente fundamental para lograr una doctrina que favorezca una actividad social justa. De eso se sigue la importancia de reconocer y recuperar los fundamentos sólidos de una ciencia filosófica como la ética. Definitivamente santo Tomás ha recogido y desarrollado las bases de un criterio sólido y científico para el obrar moral, así como para la elaboración de leyes positivas más justas aplicando los principios filosóficos y el reconocimiento de la ley natural. Entre los valores perennes que destacan está el reconocimiento de la capacidad de la inteligencia humana para conocer la naturaleza de las cosas y el orden establecido en ella; la aplicación de la analogía; las relaciones entre la ley, el derecho y la justicia, especialmente la ley natural como criterio objetivo indispensable para determinar la justicia de un impuesto, así como el papel de la conciencia moral como criterio subjetivo y subordinado a la ley que obliga moralmente a obrar conforme a la justicia; la importancia de la causalidad necesaria para la determinación de un acto justo: la causa material que consiste en que haya una capacidad de la persona para realizar el acto justo, la causa formal que consiste en la proporción entre las características de la persona y el acto que el bien común le exige, la causa eficiente que consiste en que lo que se exige, ha de respetar la ley natural y ser aprobado y promovido por los representantes legítimos de la sociedad, y la causa final, que es el bien común, como causa de las causas, que establece el criterio definitivo para determinar si un acto humano es éticamente bueno, es decir, justo.

Los principios éticos establecen que en el individuo y en la sociedad, la parte jurídica está subordinada a la parte ética y moral de la que dependen. Por eso esos principios insisten en la necesidad de una ley positiva justa, es decir, que respete la ley natural, lo cual exige virtudes entre las que destacan virtudes intelectuales como la ciencia que nos permita saber o conocer la ley y estar actualizados sobre ella, y virtudes morales que garanticen una práctica justa como son: la prudencia, como virtud intelectual y moral para ponderar todos los elementos que se requieren para el discernimiento de lo que es justo mientras garantiza la adecuada utilización de los medios. La honestidad para aportar el bien común con lo que es justo y, definitivamente la virtud de la justicia, puesto que lo que es justo es una exigencia de la justicia general, legal o social y también de la justicia distributiva. Lo que cada uno aporta al bien común es exigido por la justicia general, porque es necesario para el bien común. Y es una exigencia de la justicia distributiva en cuanto cada uno ha de aportar lo que objetivamente le corresponde subsidiariamente y solidariamente.

No queda más que reconocer la gran importancia de la recuperación y aplicación de los principios y fundamentos filosóficos y jurídicos de valor perenne a la actividad humana, considerando los elementos prudenciales para lograr la justicia en una sana relación con la ley y el Derecho. Esos son los elementos que la ética nos ofrece para el discernimiento y desarrollo de una auténtica y justa actividad humana que garantice la paz como tranquilidad del orden justo.

Referencias

Aquino, T. (1929). *Scriptum super Libros Sententiarum Magistri Petri Lombardi episcopi parisiensis* [Escrito sobre las sentencias del maestro Pedro Lombardo, obispo de París]. (R. P. Mandonet, Eds). Sumptibus P. Lithielleux. (Obra original publicada entre 1252 y 1256).

Aquino, T. (1956). *Quaestiones Quodlibetales* (R. Spiazzi, Ed.; 9na ed.). Ed. Marietti. (Obra original publicada entre 1265 y 1267).

Aquino, T. (1961). *Summa Theologiae. Primae Pars: Vol. I.* Biblioteca de Autores Cristianos. (Obra original publicada entre 1265 y 1274).

Aquino, T. (1962). *Summa Theologiae. Prima Secundae: Vol. II.* Ed. B.A.C. (Obra original publicada entre 1265-1274).

Aquino, T. (1963). *Summa Theologiae, Secunda Secundae: Vol. III.* Ed. B.A.C. (Obra original publicada entre 1265-1274).

Aquino, T. (2000). *Comentario a la Ética a Nicómaco de Aristóteles* (A. Mallea, Trad. & C. Lértora, Ed.). EUNSA. (Obra original publicada entre 1271-1272).

Aquino, T. (2005). *Opúsculos y questiones selectas. Tomo III (Teología 1).* Ed. B.A.C.

Aquino, T. (2007). *Summa Contra los Gentiles* (L. Robles Carcedo, A. Robles Sierra, & E. Forment, Eds.). Ed. B.A.C. (Obra original publicada entre 1264 y 1269).

Aquino, T. (2011). *El ente y la esencia* (E. Forment, Trad.; 3era Ed.). EUNSA. (Obra original publicada entre 1252-1259).

Aquino, T. (2012). *The power of God.* (R. J. Regan, Trad). Oxford University Press (Obra original publicada entre 1259 y 1268).

Aquino, T. (2016). *Cuestiones disputadas sobre la verdad: Vol. I y II.* EUNSA.

Aristóteles. (1983a). *Ética Nicomaquea Versión Española* (A. Gómez Robledo, Ed.; 2da. Ed. Trilingüe). Bibliotheca Scriptorum Graecorum et Romanorum Mexicana (Obra original publicada en el 349 a.C.).

Aristóteles. (1983b). *Política.* Centro de Estudios Constitucionales. (Obra original publicada entre 348-335 a.C.).

Aristóteles. (2011). *Obras completas* (C. Mengino, Trad, T. Calvo, & M. Candel, Eds.). Gredos.

Catecismo de Doctrina Social (1989). Cipriani, J. L. (Cord.). Ediciones Palabra.

del Busto, J. (1988). Ética Tributaria. *Thémis: Revista de Derecho, 12,* 10-15.
https://dialnet.unirioja.es/descarga/articulo/5110533.pdf

Forment, E. (2003). Persona y conciencia en Santo Tomás de Aquino. *Revista Española de Filosofía Medieval, 10,* 275-283.
https://dialnet.unirioja.es/descarga/articulo/821622.pdf

Fraile, G. (1986). *Historia de la Filosofía. Tomo II (2°)* (T. Urdanoz, Ed.; 4ta ed.). Biblioteca de Autores Cristianos.

Hervada, J. (1994). *Introducción crítica al Derecho Natural*. Ed. Minos.

Hobbes, T., & Gaskin, J. (1998). *Leviathan.* Oxford University Press. (Obra original publicada en 1651).

Juan Pablo II (1993, 6 de agosto). *Veritatis Splendor* [Carta Encíclica sobre algunas cuestiones fundamentales de la enseñanza moral de la Iglesia]
https://www.vatican.va/content/john-paul-ii/es/encyclicals/documents/hf_jp-ii_enc_06081993_veritatis-splendor.html

Lamas, F. (2022). *Dialéctica y Concreción del Derecho: Vol. III.* Instituto de Estudios Filosóficos "Santo Tomás de Aquino.

Ocampo, M. (2020). Los primeros principios ontológicos en el pensamiento de santo Tomás de Aquino. *Revista Chilena de Estudios Medievales.* Número 17, 2020.

Royo Marín, A. (2007). *Teología moral para seglares. I: Moral fundamental y especial.* Biblioteca de Autores Cristianos.

La virtud de la justicia: configuradora de la ética profesional

Yurixhi Gallardo[*]

Introducción

Estas líneas tienen el propósito de delimitar el lugar que tiene la virtud de la justicia en la ética profesional. Como ha sido establecido en otros apartados, la ética profesional es una ética aplicada y es necesario seguir profundizando en su contenido para responder finalmente a varios cuestionamientos que resultan de interés en los distintos ámbitos de ejercicio profesional, entre ellos: ¿Qué atributos son los que poseen los profesionales cuya conducta recibe una connotación favorable? ¿Cómo contribuir a la formación de los profesionales éticos? ¿Cómo resolver situaciones donde está en juego la ética profesional y cuya respuesta no resulta tan clara? ¿Qué pueden hacer las organizaciones para transformarse en entidades éticas? En este sentido una aproximación a la justicia será el preámbulo para la solución de problemáticas precisas. Los expertos en ética profesional deberán ser expertos en justicia.

* Profesora investigadora. Universidad Panamericana. Instituto de Humanidades. ygallard@up.edu.mx https://orcid.org/0000-0003-1365-0179

El análisis acerca de la justicia que se hace en este trabajo parte de la consideración de la ética profesional sostenida en la ética de las virtudes, la cual que pone el acento en el sujeto que actúa y que en tal sentido desarrolla virtudes que son el camino para el florecimiento humano. La ética de la virtud está siendo una vía para superar la comprensión de la ética profesional en el sentido exclusivo y reduccionista de los códigos de ética promovidos por el formalismo y una cultura de mero cumplimiento (Kristjánsson, 2015). Si bien es cierto que el formalismo o el mero cumplimiento al menos consideran ciertos elementos de la ética profesional, resultan insuficientes para dar cuenta de la misma considerando de forma integral el desarrollo de las personas a través de las virtudes. Sin embargo, no podemos hablar en nuestros tiempos de un auténtico ejercicio ético en las organizaciones que deje de lado el cumplimiento normativo, de ser así, en muchos casos se estaría presentando una oposición a la justicia. Mientras que el cumplimiento normativo apela a una ética de mínimos, la consideración de las virtudes está orientada a una ética de máximos. En este sentido, cada vez es más claro el papel que ejerce una cultura de cumplimiento para facilitar la virtud de la justica en las organizaciones.

Por otra parte, no se puede dejar de lado otras consideraciones de la ética profesional en las que también están en juego las virtudes, por ejemplo, la aproximación que asume a la ética profesional como una ética particular integrada por normas, bienes y virtudes (Melé, 2020). La configuración de la ética profesional en tal sentido, también requiere la comprensión del alcance que tienen las virtudes humanas además, de la motivación, entre otros elementos que permitirán desarrollar estrategias precisas para mostrar el impacto que éstas pueden tener en la vida profesional. Una apuesta por la ética profesional centrada en las virtudes da por sentado el papel de la libertad personal y con esto la decisión de cada individuo para desarrollar virtudes o no. La ética de la virtud también es compatible con la comprensión de las competencias profesionales. Aunado a esto, el entendimiento de que la empresa es una organización más allá de un ente económico, y en tal sentido como explica Alvira están presentes todos los elementos categoriales: "conceptos que de modo implícito o explícito reflejan elementos que se dan en toda sociedad, pero que no son tan extensos como el concepto de sociedad" (Alvira Domínguez, 2009, p. 71). Dichos elementos categoriales son: religión, ética, política, derecho, economía, hábitat. Siendo así: "Una empresa no es un mero ente económico, sino que tiene una religión implícita, una ética, una política empresarial, un derecho y un hábitat" (Alvira Domínguez, 2009, p. 73).

En otro orden de ideas, al aproximarse al ejercicio ético de los profesionales resulta imposible hacer referencia exclusivamente a una sola de las virtudes; por lo tanto, sería erróneo señalar que con la virtud de la justicia es suficiente para asegurar una conducta ética. Cada una de las virtudes tiene un propósito específico, en algunos momentos se requiere fortaleza, en otros, templanza, por citar un par. Todo esto por supuesto, sin dejar de lado la importancia de la *phronesis* (Kristjánsson, 2015). Sin embargo, resulta pertinente puntualizar el alcance que tiene la virtud de la justicia. Siendo así, el propósito de estas líneas es delimitar dentro de ese amplio contexto la importancia que tiene dicha virtud y dotar de algunas coordenadas para ayudar la toma de decisiones justas. Es decir, entender en un primer momento elementos teóricos acerca de la justicia, permitirá posteriormente poder aplicar dichos conocimientos a situaciones concretas para determinar entonces cuál sería una decisión que estuviera orientada por la justicia.

La justicia está en juego en diversas situaciones del ejercicio de los profesionales o de las organizaciones en general. Por ejemplo, frente a la corrupción que es un problema que enfrentan las personas y también las organizaciones con independencia de todas las implicaciones que tengan y las consecuencias de carácter económico y/o legal es un problema de injusticia. Si por corrupción en términos generales se entiende un desvío de lo que está previsto conforme a la norma o el beneficio privado que se obtiene de algo que es común. Quienes cometen actos de corrupción porque existe, por ejemplo, un conflicto de interés al momento de tomar una decisión están cometiendo claramente una injusticia. Sumado a esto, podemos pensar también en las empresas familiares y las situaciones específicas que enfrentan para vivir la justicia y lograr con ello el desarrollo de las personas y por supuesto el bien de la organización. Los profesionales con independencia de su ámbito de actuación son más que meros técnicos. No advertir acerca de la importancia que tiene dicha virtud en el ejercicio profesional nos puede llevar a correr la misma suerte que han tenido los profesionales del Derecho, quiénes han pasado de ser jurisprudentes a meros técnicos, operadores de los sistemas jurídicos que están más vinculados a la ley que a la justicia (Aparisi Miralles, 2007).

La justicia ha sido abordada por distintos autores con posiciones filosóficas diferentes. Sin embargo, desde la filosofía clásica resulta particularmente relevante la aproximación que llevan a cabo Aristóteles y Tomás de Aquino. Este trabajo está dividido en dos apartados: en la primera parte, aparecen aspectos cruciales que son tratados por Aristóteles en el libro V de la *Ética a Nicómaco*. En el segundo apartado, aparece una aproximación al análisis de la justicia que lleva a cabo Tomás de Aquino en la Suma Teológica.

1. Aristóteles y la virtud de la justicia

El estagirita aborda la virtud de la justicia en varias de sus obras: *Ética a Nicómaco*, *Ética a Eudemo*, la *Magna Moralia*, la *Re-*

tórica y la *Política* (Garcés Giraldo & Giraldo Zuluaga, 2014). En estas líneas, a partir del estudio del libro V de la *Ética a Nicómaco* se enfatizan algunos elementos que permitirán a los profesionales entender una teoría en torno a la justicia. El papel que tienen las virtudes en la sociedad griega se comprende a partir del rol que desempeñan los sujetos. En este sentido se afirma: "no existen virtudes propiamente del hombre como tal. Cada virtud no es más que la excelencia propia que se le exige a un rol particular" (Soto, 2009, p. 184). Sin ser la finalidad de este trabajo un análisis de las virtudes en los griegos o en el pensamiento aristotélico, recobran particular importancia algunos elementos de las virtudes que considera el filósofo, en concreto dos: el papel de las pasiones y las emociones y, el hecho de que la virtud no consiste exclusivamente en la observancia de los deberes. Respecto a las pasiones y las emociones señala Soto:

> Tanta importancia tiene el sentimiento en la ética aristotélica, que el Estagirita distingue al virtuoso del meramente continente en que el primero, al actuar bien, goza con ello, mientras que el segundo no. Con ello queda más que manifiesto que la piedra de toque de la perfección moral está dada por el sentimiento. (Soto, 2009, p. 190)

Además, hay que destacar la importancia que tienen los otros para el desarrollo de las virtudes, elemento que será destacado posteriormente por la filosofía neoaristotélica, particularmente por MacIntyre a propósito de la práctica. En esta línea, Velarde sostiene a propósito del filósofo griego:

> Aristóteles afirma que para desarrollar la prudencia y las virtudes éticas es necesario estar con otros hombres y en situaciones concretas, en las que se pueda ser justo, prudente y templado. Esto ocurre en la vida de la polis. Y en el caso del hombre contemplativo, este tendrá una mejor sabiduría si tienen más compañeros que si contempla en solitario, y además si quiere asegurar la contemplación futura deberá ocuparse del buen funcionamiento de la ciudad. (Velarde, 2013, p. 95)

Precisamente en las situaciones concretas en las cuáles se pueda ser justo son las que se presentan en la vida profesional, de ahí la importancia de contar con los elementos necesarios que permitan discernir cuando se toman decisiones concretas, aunado a esto, varios estudiosos de Aristóteles, entre ellos Garcés Giraldo & Giraldo Zuluaga (2014), destacan el papel que el filósofo le da a la justicia, principalmente porque es una virtud que resulta particularmente importante porque hace referencia a otros "porque es la práctica de la virtud perfecta, y es perfecta, porque el que la posee puede hacer uso de la virtud con los otros y no sólo consigo mismo" (Aristóteles, 1985, *Ética Nicomáquea*, V, 1129b). En tal sentido advierte: "El peor de los hombres es, pues, el que usa la maldad consigo mismo y sus compañeros; el mejor, no el que usa de virtud para consigo mismo, sino para con otro, porque esto es una tarea difícil" (*Ética Nicomáquea*, V, 1130a). Siendo así, reconoce Aristóteles la dificultad que tiene la práctica de la justicia y señala entonces que se requiere de sabiduría para conocer qué es lo justo y qué lo injusto:

> […] creen que uno no necesita sabiduría para conocer lo que es justo y lo que es injusto, porque no es difícil comprender lo que las leyes establecen (aunque esto no es lo justo, sino por accidente); pero saber cómo hay que obrar y cómo hay que distribuir con justicia cuesta más que saber qué cosas son buenas para la salud. También aquí es fácil saber que la miel, el vino, el eléboro, cauterizar y cortar producen la salud, pero cómo se ha de aplicar para que sea saludable y a quién y cuándo, es tan difícil como ser médico. (*Ética Nicomáquea*, V, 1137a)

En parte, la dificultad que representa conocer qué es lo justo y lo injusto se debe a la variedad de significados que tiene el término justicia, advertencia que hace el filósofo (*Ética Nicomáquea*, V, 1129a - 1129b). Sobre la injusticia aclara:

> La injusticia es exceso y defecto, en el sentido de que es exceso de lo útil absolutamente con relación a uno mismo, y defecto de lo que es

perjudicial; y, tratándose de los demás, en conjunto lo mismo, pero contra la proporción en cualquiera de los casos. Y la acción injusta lo es por defecto si se sufre, por exceso si se comete. (*Ética Nicomáquea*, V, 1134a)

Explica Aristóteles que se analizarán los sentidos de la palabra injusto. En primer lugar, aparece la consideración de injusticia señalando que el injusto es el transgresor de la ley, el codicioso y el que no es equitativo (*Ética Nicomáquea*, V, 1129b), esto lo lleva después a afirmar que "lo justo sea lo legal y lo equitativo, y lo injusto, lo ilegal y lo no equitativo" (*Ética Nicomáquea*, V, 1129b). Sumado a esto, aparece la consideración de que existen varias clases de injusticia una vez que la ha definido. Si el transgresor de la ley es injusto, entonces lo legal es justo (*Ética Nicomáquea*, V, 1129b).

La justicia se equipara a proporción. "Lo justo, entonces, es una especie de proporción (y la proporción es una propiedad no meramente de números, con unidades abstractas, sino del número en general. La proporción es una igualdad de razones y requiere, por lo menos, cuatro términos" (*Ética Nicomáquea*, V, 1131a). Una manera muy sencilla de entender la justicia será pues, si se vincula con el término proporción porque señala Aristóteles que:

Lo justo, entonces, es la proporción, y lo injusto lo que va contra la proporción. Un término es mayor y otro menos, como ocurre también en la práctica; pues el que comete la injusticia tiene una porción excesiva de bien y el que la padece, demasiado pequeña. Tratándose de lo malo ocurre al revés, pues el mal menor, comparado con el mayor, se considera un bien, ya que el mal menor se prefiere al mayor, y lo preferible es un bien, y cuanto más preferible, mayor. Ésta es, pues, una especie de justicia. (*Ética Nicomáquea*, V, 1131b)

"De modo que lo justo es un término medio entre una especie de ganancia y de pérdida en los cambios no voluntarios y (consiste en) tener lo mismo antes que después" (*Ética Nicomáquea*, V, 1131b). En este sentido, resulta muy fácil entender en la cotidianidad la justicia con el término proporción.

Señala que existen varias clases de justicia al lado de la virtud total (*Ética Nicomáquea*, V 1130a-1130b), por lo tanto, hay una justicia general y una justicia particular. Respecto a la última, se divide en una justicia distributiva y una justicia correctiva. Hablando de la justicia distributiva "la injusticia que se opone a esta clase de justicia es una violación de la proporción" (*Ética Nicomáquea*, V, 1131b). Por otro lado, la justicia correctiva es el tipo de justicia que corresponde a los tratos mutuos (*Ética Nicomáquea*, V, 1131b). En este trabajo, no abundaremos más acerca de estos tipos de justicia según Aristóteles, sino que, en el siguiente apartado, a propósito de lo que señala Tomás de Aquino, con mayor claridad se podrá entender la distinción entre los tipos de justicia.

Sumado a esto, Aristóteles habla del papel del juez:

> El juez quiere ser como una personificación de la justicia; se busca al juez como término medio y algunos llaman a los jueces mediadores, creyendo que si alcanzan lo intermedio se alcanzará justicia. Por tanto la justicia es un término medio, puesto que lo es el juez. El juez establece la igualdad. (*Ética Nicomáquea*, V, 1132a)

Resulta también, particularmente importante la referencia que hace a la reciprocidad. La importancia de la moneda al abordar el tema de la justicia se da, porque "todas las cosas deben tener un precio, porque así, siempre habría cambio, y con él asociación de hombres. Así pues, la moneda, como una medida, iguala las cosas haciéndolas conmesurables" (*Ética Nicomáquea*, V, 1133b 10).

Por último, enfatizar el papel que tiene la voluntad:

> Si el daño se produce con intención, se obra injustamente, y es en virtud de estas injusticias por lo que el que obra injustamente es injusto, siempre que viole la proporción o la igualdad. Igualmente, un hombre

es justo cuando actúa justamente por elección, y obra justamente si sólo obra voluntariamente. (*Ética Nicomáquea*, V, 1136a)

Es decir, se puede obrar justamente sin elección y entonces no se estaría obrando voluntariamente y, por tanto, no estaríamos en presencia de una virtud.

2. Santo Tomás de Aquino y la virtud de la justicia

Tomás de Aquino en su obra *Suma Teológica* dedica un amplio apartado al estudio de la justicia toda vez que abarca desde la cuestión 57 a la 122 de la *Secunda secundae*. En ese sentido, estas líneas sintetizan algunas ideas que pueden resultar relevantes para el ejercicio profesional acerca de esta virtud: la definición de justicia, la referencia a otros, la ordenación al bien común. Tomás de Aquino al definir qué es lo justo utiliza el ejemplo del salario: "pues en nuestras acciones se llama justo a aquello que, según alguna igualdad, corresponde a otro, como la retribución del salario debido por un servicio prestado" (Aquino, s.f., *Suma Teológica II-II*, q.57, a.1).

La definición de justicia que establece Tomás de Aquino es muy parecida a la clásica definición que viene del derecho romano: *La justicia es el hábito según el cual uno, con constante y perpetua voluntad, da a cada uno su derecho.* Y esta definición es casi igual a aquella que pone el Filósofo en V *Ethic.*, diciendo que "la justicia es el hábito según el cual se dice que uno es operativo en la elección de lo justo" (*Suma Teológica II-II*, q.58, a.1). Se pregunta Tomás de Aquino si la justicia reside en la voluntad a lo que responde: "De ahí que la justicia no pueda hallarse en lo irascible o en lo concupiscible, sino únicamente en la voluntad" (*Suma Teológica II-II*, q.58, a.1, sol.). Por otra parte, es importante considerar que justicia y derecho van de la mano. Lo que la justicia da a cada uno es precisamente el derecho:

> Y, por eso, el objeto de la justicia, a diferencia de las demás virtudes, es el objeto específico que se llama lo justo. Ciertamente, esto es el derecho. Luego es manifiesto que el derecho es el objeto de la justicia (*Suma Teológica II-II*, q.57, a.1, sol.).

Por lo tanto, una aproximación a la justicia requiere entender qué es el derecho, y el propio Tomás de Aquino explica que "el derecho o el justo natural es lo que por su naturaleza es adecuado o de medida igual a otro" (*Suma Teológica II-II*, q.57, a.3, sol.). Explica el aquinate que la justicia es una virtud que se refiere a otros:

> [...] ya que el nombre de justicia comporta la igualdad, por su propia esencia la justicia tiene que referirse a otro, pues nada es igual a sí mismo, sino a otro. Y, dado que pertenece a la justicia rectificar los actos humanos, como se dijo (1-2 q.60 a.2; q.61 a.3; q.113 a.1), es necesario que esta igualdad que requiere la justicia sea de individuos diversos que puedan obrar. (*Suma Teológica II-II*, q.58, a.2, sol.)

Siendo así, los profesionales necesariamente requieren de la virtud de la justicia. Por ejemplo, a la hora de determinar un salario justo precisamente estamos decidiendo en favor de otros. "La justicia no consiste en las cosas exteriores en cuanto al hacer, que es propio del arte, sino en cuanto al usar de ellas para otros" (*Suma Teológica II-II*, q.58, a.4). Lo expresa ampliamente Tomás de Aquino cuando señala:

> La justicia, como se ha dicho (a.2), ordena al hombre con relación a otro. Esto puede ser de dos maneras: primera, a otro considerado individualmente; segunda, a otro en común, es decir, en cuanto que el que sirve a una comunidad sirve a todos los hombres que en ella se contienen. A ambos modos puede referirse la justicia, según su propia

naturaleza. Sin embargo, es evidente que todos los que integran alguna comunidad se relacionan con la misma, del mismo modo que las partes con el todo; y como la parte, en cuanto tal, es del todo, de ahí se sigue también que cualquier bien de la parte es ordenable al bien del todo. (*Suma Teológica II-II*, q.58, a.5)

Al igual que Aristóteles, el Aquinate le otorga un lugar preponderante a la virtud de la justicia frente a otras virtudes:

> Y ya que la justicia rectifica las operaciones humanas, es notorio que hace buena la obra del hombre; y, como dice Tulio en I *De offic.*, *por la justicia reciben principalmente su nombre de bien.* De ahí que, como allí mismo dice, *en ella está el mayor brillo de la virtud.* (*Suma Teológica II-II*, q.58, a.3)

Explica Tomás de Aquino que el bien común es preeminente sobre el bien singular de la persona, siendo así que la justicia legal será la más preclara de todas las virtudes (Aquino, ca. 1265-1274/ s.f., *Suma Teológica II-II*, q.58, a.7). La justicia particular, también sobresale sobre todas las virtudes morales, por dos razones según explica el Aquinate: porque forma parte de la voluntad y porque el virtuoso se comporta bien con respecto al otro:

> [...] como se dice en V *Ethic.* Y por esto el Filósofo, en I *Rhet.*, afirma: *Las virtudes más grandes son necesariamente aquellas que son más útiles a otros, ya que la virtud es una potencia bienhechora. Por eso son honrados preferentemente los fuertes y los justos, porque la fortaleza es útil a otros en la guerra; en cambio, la justicia lo es en la guerra y en la paz.* (*Suma Teológica II-II*, q.58, a.7)

El bien común ocupa un lugar importante a propósito de la justicia, en este sentido, no es posible entender el bien común sin esta virtud. Señala Tomás de Aquino, que la justicia ordena al bien común:

> El bien de cada virtud, ora ordene al hombre hacia sí mismo, ora lo ordene hacia otras personas singulares, es susceptible de ser referido al

bien común, al que ordena la justicia. Y así el acto de cualquier virtud puede pertenecer a la justicia, en cuanto que ésta ordena al hombre al bien común. Y en este sentido se llama a la justicia virtud general. Y puesto que a la ley pertenece ordenar al bien común, como antes se expresó (1-2 q.90 a.2), de ahí que se siga que tal justicia, denominada general en el sentido expresado, se llame justicia legal, es decir, porque por medio de ella el hombre concuerda con la ley que ordena los actos de todas las virtudes al bien. (*Suma Teológica II-II*, q.58, a.5)

Tomás de Aquino distingue entre la justicia legal y la justicia particular. Acerca de la primera, que acaba de ser citada, ya había señalado que es la que ordena al bien común:

La justicia legal, que ordena al hombre inmediatamente al bien común, haya otras virtudes que ordenen inmediatamente al hombre hacia los bienes particulares, los cuales pueden referirse a sí mismo o a otra persona singular. Luego, así como, además de la justicia legal, es menester que haya algunas virtudes particulares que ordenen al hombre en sí mismo, como la templanza y la fortaleza, así también es conveniente que haya, además de ella, una justicia particular que ordene al hombre sobre las cosas que se refieren a otra persona singular. (*Suma Teológica II-II*, q.58, a.7)

Por lo que corresponde a la clasificación de la justicia vemos que hay una justicia general que ordena al bien común, y hay una justicia particular que va a ordenar al hombre hacia las cosas que se refieren a otra persona singular:

Luego, así como, además de la justicia legal, es menester que haya algunas virtudes particulares que ordenen al hombre en sí mismo, como la templanza y la fortaleza, así también es conveniente que haya, además de ella, una justicia particular que ordene al hombre sobre las cosas que se refieren a otra persona singular". (*Suma Teológica II-II*, q.58, a.7)

Ahora, la justicia particular se clasifica en justicia conmutativa y justicia distributiva. La primera, es la que corresponde de parte a parte,

Ahora bien: cualquier parte puede ser considerada en una doble relación; una, en la de parte a parte, a la que corresponde el orden de una persona privada a otra, y este orden lo dirige la justicia conmutativa, que consiste en los cambios que mutuamente tienen lugar entre dos personas". (*Suma Teológica II-II*, q.61, a.1)

Por su parte, la justicia distributiva, es en la que:

La otra relación considerada es la del todo respecto a las partes; y a esta relación se asemeja el orden al que pertenece el aspecto de la comunidad en relación con cada una de las personas; este orden, ciertamente, lo dirige la justicia distributiva, que es la que distribuye proporcionalmente los bienes comunes. De ahí que sean dos las especies de justicia: la distributiva y la conmutativa". (Aquino, ca. 1265-1274/s.f., *Suma Teológica II-II*, q.61, a.1)

Además, por lo que respecta a la distributiva, Tomás de Aquino hace referencia a la preponderancia, en tal sentido, la igualdad en la justicia distributiva no se determina el medio según la igualdad de cosa a cosa, sino según la proporción de las cosas a las personas, por otra parte, hay que señalar que dicha preponderancia variará según la comunidad de acuerdo a lo que señala Santo Tomás. Por lo tanto, una persona puede exceder a otra según el criterio:

En la justicia distributiva se da a una persona tanto más de los bienes comunes cuanto más preponderancia tiene dicha persona en la comunidad. Esta preponderancia se determina en la comunidad aristocrática por la virtud; en la oligárquica, por las riquezas; en la democrática, por la libertad, y en otras, de otra forma. De ahí que en la justicia distributiva no se determine el medio según la igualdad de cosa a cosa, sino según la proporción de las cosas a las personas, de tal suerte que en la medida que una persona exceda a otra, así también la cosa que se le dé a dicha persona exceda a la que se le dé a la otra persona. Y por esto, dice el Filósofo, que tal medio es según *la proporcionalidad geométrica*, en la que la igualdad se establece no según la cantidad, sino según la proporción; como si dijéramos que así como seis es a cuatro, así tres es a dos, porque en ambos lugares se tiene una proporción sesquiáltera, en la que el número mayor contiene íntegro al menor y su mitad; más no hay igualdad de exceso según la cantidad, puesto que seis excede a cuatro en dos; en cambio, tres excede a dos en uno". (*Suma Teológica II-II*, q.61, a.1)

Habíamos señalado que la justicia trata de cosas exteriores, ahora hay que indicar que dichas cosas exteriores pueden ser cosas, personas u obras (*Suma Teológica II-II*, q.61, a.1).

Conclusión

Como fue anunciado, el propósito de estas líneas era establecer el papel central que juega la justicia en la ética profesional. En tal sentido, las aportaciones de Aristóteles y de Tomás de Aquino permiten comprender entre otros, los siguientes elementos: (1) la virtud de la justicia es una virtud que hace referencia a otros, de ahí, que sea ensalzada la preminencia frente a otras virtudes. (2) Al ser referida a otros, resulta particularmente difícil el que pueda ser vivida. (3) Entre las consideraciones aristotélicas respecto a la justicia destaca la consideración de proporcionalidad. (4) Existen varias clases de justicia. Ha sido aquí enunciada la clasificación que hacen Aristóteles y Tomás de Aquino y el alcance que tiene cada tipo de justicia de acuerdo a estos autores. (5) Al ser la justicia una virtud, la voluntad juega un papel muy importante, siendo así, alguien recibirá el calificativo de justo cuando actúa voluntariamente. (6) El bien común, solo puede lograrse con la virtud de la justicia. Futuras investigaciones pueden profundizar en el análisis de situaciones concretas que afronta la ética profesional a la luz de la justicia, toda vez que entre las principales limitaciones a las que se enfrenta el análisis de situaciones éticas donde está en juego la ética, es la ausencia de elementos teóricos que permitan precisamente un análisis en torno a unas coordenadas de verdad.

Referencias

Alvira Domínguez, R. (2009). Bien común y justicia social en las diferentes esferas de la sociedad. *Revista Empresa y Humanismo*, 61-80. https://doi.org/10.15581/015.12.33268

Aparisi Miralles, Á. (2007). Justicia y praxis jurídica. *Persona y Derecho*, *56*(2007), 103-125. https://doi.org/10.15581/011.31836

Aquino, T. (s/f). *Suma Teológica. Segunda sección de la segunda parte (Secunda secundae)*. (Obra original publicada entre 1265-1274). https://hjg.com.ar/sumat/c/index.html

Aristóteles. (1985). *Ética Nicomáquea Etica Eudemia* (E. Lledó, Ed. & J. Pallí Bonet, Trad.). Gredos. (Obra original publicada en el 349 a.C.).

Garcés Giraldo, L. F., & Giraldo Zuloaga, C. (2014). La justicia aristotélica: virtud moral para el discernimiento de lo justo . *Indivisa. Boletin de Estudios e Investigación*, *14*, 44-52. https://www.redalyc.org/pdf/771/77130564003.pdf

Kristjánsson, K. (2015). Phronesis as an ideal in professional medical ethics: some preliminary positionings and problematics. *Theoretical Medicine and Bioethics*, *36*(5), 299-320. https://doi.org/10.1007/s11017-015-9338-4

Melé, D. (2020). Bienes, normas y virtudes en ética empresarial. *Studia Poliana*, *22*, 221-240. https://doi.org/10.15581/013.22.221-240

Soto, C. I. (2009). Alasdair MacIntyre sobre la virtud y la justicia en Aristóteles. *Ars Boni et Aequi*, *5*, 183-212.

Velarde, C. (2013). De la virtud a la eudaimonía en Aristóteles y MacIntyre. *Cuadernos de Teología*, *5*(2), 88-109. https://doi.org/10.22199/S07198175.2013.0002.00004

Competencias éticas: un camino para la enseñanza de la ética profesional en México

Yurixhi Gallardo[*]
Francisco Pérez[**]

El presente trabajo aborda la viabilidad de enseñar la ética profesional como una competencia en las instituciones de educación superior (IES) en México. La investigación analiza el concepto de competencia profesional y las implicaciones que esta tiene desde la perspectiva de las IES. El estudio se divide en cuatro apartados: en la primera parte se analiza el alcance de la ética profesional desde una perspectiva filosófica. La segunda parte, presenta el contexto de la enseñanza de la ética profesional en México. La tercera parte, aborda las competencias profesionales en la educación superior. La cuarta parte, muestra un análisis de la ética profesional como una competencia y establece los retos y limitaciones que tiene la ética asumida en tal sentido, en el contexto educativo de las IES. Este estudio considera que la ética profesional puede ser enseñada como una competencia profesional, siempre y cuando se establezca el alcance que tiene la competencia respecto a la persona humana,

[*] Profesora investigadora. Universidad Panamericana. Instituto de Humanidades. ygallard@up.edu.mx https://orcid.org/0000-0003-1365-0179

[**] Licenciado en Pedagogía. Universidad Panamericana. Instituto de Humanidades. franciscop111@icloud.com

por otro parte, esto no significa una renuncia a la búsqueda de las virtudes que están detrás de un auténtico actuar profesional ético.

Introducción

El ejercicio ético de los profesionales es un tema crucial para el país desde diferentes ámbitos de acción. Por ejemplo, desde el punto de vista de los profesionales del Derecho, por mencionar un área académica específica, se habla de conductas no éticas precisas que impactan una a una en el continuo debilitamiento del Estado de Derecho. En este sentido, de acuerdo al Índice elaborado por el Proyecto Global de Justicia *(World Justice Project)*, como país hemos ido en retroceso entre otras razones, por la falta de avances en materia anticorrupción (*World Justice Project*, 2022). La corrupción, que no es el único problema ético que México afronta, ni es exclusivo de la profesión jurídica o de los profesionales en general, es uno de los retos más graves que enfrentan las organizaciones. Podemos decir, que la corrupción es un mal que pone a prueba la ética de los profesionales, además la capacidad de las IES de concientizar en ese tema. La realidad es que no hay profesión que este ajena a tal problema, entre otras causas, por la sencilla razón de que en todas las acciones que llevan a cabo los profesionales siempre estará en juego la libertad humana y, por tanto, la capacidad de actuar acorde a la ética o no. Por ejemplo, en el campo de la empresa con casos como el de Enron; FTX en el mundo de las finanzas; o SEGALMEX donde se involucra el sector público y el sector privado, por citar algunos, quedan de manifiesto las graves consecuencias que tiene el no ejercicio ético de forma personal, pero también organizacional. Ante tal urgencia, la educación superior (ES) ocupa un papel preponderante en el complejo entramado de la actuación ética de los futuros profesionales para que estos se desempeñen en apego a los más altos estándares éticos.

Siendo así, la literatura ha explorado en los últimos años la situación de la ES respecto a la educación en ética profesional. Al respecto, podemos acotar los siguientes elementos a considerar en tales aproximaciones: (1) El estudio de la ética profesional se lleva a cabo desde los propios ámbitos de desarrollo profesional. Por ejemplo, el ejercicio ético de los profesionales del Derecho se realiza ordinariamente de forma exclusiva por quiénes se dedican a esa disciplina. Esto parece obedecer en un primer momento a que resulta natural considerar que los únicos que tienen algo que decir acerca de los problemas que ocurren en esa disciplina son quiénes se dedican a dicha área, sin embargo, esto no es necesariamente lo más óptimo para el propio desarrollo ético de los profesionales del Derecho. Lo mismo podríamos decir, de las otras áreas. Además, habría que considerar qué aportaciones tienen su origen, por ejemplo, desde la filosofía para resolver los grandes problemas éticos que no tienen una solución sencilla, o qué pueden sumar otras ciencias como la sociología para entender el contexto en el que son asumidas las profesiones en un momento determinado. Resulta irrenunciable estudiar la ética profesional y dejar de lado los planteamientos filosóficos, de ser así, estaríamos negando la naturaleza de la ética profesional que es una ética aplicada. Estamos frente a una aproximación de la realidad de manera científica y la filosofía tiene mucho que decir al respecto. (2) El grado de avance de la ética profesional en cada disciplina es distinto. En México, esto se debe entre otras razones, a la propia regulación vigente, profesiones como la medicina y la contabilidad están en una posición distinta frente a otras como el derecho o la psicología. (3) Hay que considerar que los problemas que se presentan en las áreas profesionales cada vez son más difíciles de afrontar aisladamente, toda vez que involucran a diferentes disciplinas y en tal sentido, la interdisciplinariedad puede ayudar a entenderlos de mejor manera y dar soluciones. (4) El punto de partida de este trabajo como se ha explicado es la consideración de que la ética profesional es una ética aplicada, sin embargo, no puede dejarse de lado que la solución de los problemas que afrontan los profesionales se presenta en lugares distintos donde existen marcos jurídicos diferentes. (5) Tenemos que hacer frente al problema real que estamos viviendo en un país como México donde la educación universitaria presenta cada vez más una oferta de programas de educación superior que parecen estar más cerca de querer convencer a un comprador de un título universitario que de formar la cabeza, la voluntad y el corazón para impulsar el desarrollo.

Este trabajo documental de carácter exploratorio tiene como finalidad analizar la educación en ética profesional como una educación encaminada a desarrollar entre otros elementos, competencias éticas de los profesionales. Abordar la ética como competencia es compatible con una aproximación de carácter filosófico que asuma la ética como filosofía moral, aún con aquellos que entienden la ética como filosofía política. Tal consideración de la ética profesional como filosofía moral o como filosofía política ha sido la trayectoria que ha seguido la ética profesional en el ámbito del Derecho en Estados Unidos como sostienen Luban & Wendel (2020). Por otra parte, el alcance de asumir la ética como competencia es limitado, sin embargo, es compatible con un abordaje más profundo que plantea algunos elementos de la ética constitutivos de la educación del carácter.

Dentro de este orden de ideas, esta investigación se divide en cinco apartados: en la primera parte, se analiza el alcance de la ética profesional desde una perspectiva filosófica; la segunda parte, presenta el contexto de la enseñanza de la ética profesional; la tercera parte aborda las competencias profesionales en la educación superior; la cuarta parte muestra un análisis de la ética profesional como una competencia con los retos y limitaciones que esto representa en el contexto educativo mexicano.

1. La ética profesional desde una perspectiva filosófica

La ética profesional es un apartado de la ética, en específico, es una ética aplicada. Sin embargo, no siempre la ética es asumida tomando como punto de partida una aproximación filosófica. Por lo que al mundo jurídico se refiere, Luban & Wendel (2020), narrando la historia que ha tenido la ética profesional en dicho ámbito en los Estados Unidos la sintetizan en dos grandes oleadas: la primera de ellas donde se concibe a la ética profesional como parte de la filosofía moral y la segunda, como parte de la filosofía política. Cada oleada como la llaman los autores posee características propias. Sin embargo, seguir uno u otro camino lleva a planteamientos diferentes sobre las conductas éticas de los profesionales del derecho. Mientras que en el primer supuesto, aparece la ética de rol y todos los problemas que esto por sí mismo enfrenta, en el segundo supuesto se abordan otras realidades como por ejemplo, el propio papel del Estado. Por otra parte, los mismos autores señalan que la ética profesional en el futuro tendrá que afrontar entre otras realidades las siguientes: la aplicación de la neurociencia al razonamiento moral, además, hacer referencia a la ética de la virtud y cómo a partir de este posicionamiento se pueden responder una serie de dilemas que se nos presentan.

En tal sentido, la filosofía es una ciencia que busca la verdad acerca de todo lo que existe, busca las últimas causas de la realidad y esto es posible mediante la argumentación racional. Sin embargo, dicha argumentación racional por sí misma no produce un cambio en la conducta de quiénes la están llevando a cabo. Resulta por lo tanto ilusorio pensar que por el mero discurso acerca del ejercicio ético de los profesionales estos actuarán de acuerdo a altos estándares éticos. De ahí, la complejidad que afronta la ética profesional. A fin de cuentas los esfuerzos que se siguen a través de la educación en temas de ética profesional tienen como finalidad impactar en el obrar de quiénes están recibiendo tal educación y es necesario explorar de qué manera se puede lograr esto por lo que resulta pertinente explorar las competencias éticas como un camino que puede recorrerse.

Las tres grandes aproximaciones filosóficas que se hacen a la ética profesional son: utilitarismo, deontología y ética de la virtud (Melé, 2020). En este sentido, la ética de la virtud, enfatiza el papel del agente. Como reiteran Luban & Wendel (2020), al no desempeñarse en la casuística, la ética de la virtud ha sido poco atractiva para autores angloamericanos, aunque podría ser un camino para las deliberaciones prácticas.

Relatar la historia de la ética profesional desde una perspectiva filosófica en México, resulta una tarea imposible, porque la literatura que aborda dicha área aún es pequeña, por otro lado, habría que ir narrando el desarrollo que ha tenido la ética profesional en cada área. Uno de los esfuerzos más grandes que han sido llevados a cabo en tal sentido, es precisamente en el Derecho. Por ejemplo, Javier Saldaña (Saldaña Serrano, 2014b) quien a través de diversas obras ha abordado la ética de la virtud como el camino para impulsar la ética de las profesiones jurídicas (Saldaña Serrano, 2014a). Trabajos previos (Gallardo Martínez, 2019; Torres Ortega & Gallardo Martínez, 2023), abordan el lugar en el que se encuentra la ética profesional en México y en América Latina.

Así pues, por lo que respecta a la filosofía, su aportación es tripartita: metafísica, antropológica y ética. En efecto, la metafísica permitirá entender la realidad, sus principios y causas. En lo que concierne a la antropología, ésta permite comprender a la persona, por tanto, sustentar una ética profesional. Dejar de lado la verdad acerca de la fundamentación antropológica, nos conduciría a una ética profesional plagada de errores. Por lo que concierne a la ética, ésta tendrá que estar sustentada en la metafísica y la antropología. Si bien es cierto que el derecho, la psicología, la sociología tienen mucho que decir sobre el ejercicio ético de las profesiones, sería un grave error partir de una fundamentación filosófica errónea. Quienes se adentran en la enseñanza de la ética profesional, tendrán que tomar en consideración esto para no llegar a conclusiones erróneas.

2. La enseñanza de la ética profesional en México

Una vez que hemos reflexionado acerca de la ética profesional desde una perspectiva filosófica, dedicaremos este apartado a la enseñanza de la ética profesional en México. La historia de la ética profesional en México no es una, sino muchas historias. Por otro lado, el momento que vive cada profesión es distinto. Sin embargo, podemos diferenciar tres momentos diferentes en la educación en ética profesional en las IES: fundamentación, contenidos, metodologías. Por fundamentación, nos referimos al planteamiento en el cual se sostiene la ética profesional. En primer lugar, el planteamiento filosófico, al que hemos hecho referencia en el apartado anterior. Sin embargo, también habría que considerar la regulación jurídica de cada una de las profesiones, ya que la mayoría de las profesiones en el país están mínimamente reguladas. Los profesionales que desean actuar conforme a la ética orientan su ejercicio en el cumplimiento de las leyes mexicanas acerca del ejercicio de las profesiones, por ejemplo, no incurrir en conductas ilícitas castigadas en el Código Penal, cumplen con las leyes de Profesiones que derivan del artículo 5º. Constitucional, con el Código Civil en lo concerniente a la Prestación de Servicios Profesionales. En ámbitos específicos de ejercicio, por ejemplo, en el ámbito jurídico, notarios, corredores públicos, servidores públicos, deberán actuar conforme a los marcos jurídicos propios y los códigos de ética si es que los tienen. Así mismo, un mínimo número de profesionales que forman parte de los colegios de profesionistas orientan su conducta conforme a los códigos de ética profesional de dichos colegios. ¿Qué orienta la conducta de los demás profesionales? En la mayoría de los casos su conducta se orienta conforme a unos valores o conforme a la ética personal. Por tanto, en estos profesionales siempre aparece la pregunta ¿cómo actuar correctamente? Desde la academia, más que en la práctica, ante muchas situaciones ante las que no hay respuesta únicas o claras de cómo actuar se apela a la filosofía, en concreto al carácter científico de la ética para llegar a conclusiones. Sin embargo, un profesional de un ámbito en específico, no puede ser ajeno a la regulación jurídica en el terreno donde se desempeña.

La contribución de las IES al desarrollo de competencias éticas de los estudiantes México es una necesidad ineludible. Si bien es cierto que el ejercicio ético no dependerá de forma exclusiva de lo que hagan dichas instituciones, las acciones que puedan emprender para incidir en tal cometido pueden estructurarse de una mejor forma. Pareciera ser que en México la educación superior en general, va sin rumbo específico más allá de gestionar títulos que permiten el ejercicio profesional después de cursar determinados cursos y cumplir con requisitos académicos que dependen de las instituciones.

Siendo así, la educación superior tiene que afrontar varios retos, entre los que se encuentran: (1) Ofertar una educación de calidad que permita atender las necesidades sociales; (2) Ser un facilitador para que los estudiantes puedan encontrar salidas laborales acordes a sus perfiles profesionales; (3) Formar integralmente a las personas lo que significa no minimizar la formación humanista que permitirá a los futuros profesionales plantear soluciones que pongan en el centro a las personas. Entre la formación humanista que oferta la universidad aparece la ética profesional tan necesaria y a muchas veces despreciada en el propio currículum. Parece que hay un conceso sobre lo importante del ejercicio ético, sin embargo, la vorágine del propio mercado educativo que en países como México crece con mínimos controles, la presión por dotar mayoritariamente los planes de estudio de herramientas técnicas a los estudiantes coloca en segundo plano a la ética profesional.

La educación superior busca que los profesionales adquieran determinados conocimientos, desarrollen habilidades y, por lo tanto, se conduzcan de determinada manera en el ejercicio de una profesión en específico. Por lo que al Derecho se refiere Hamilton y Bilionis (2022) sostienen por lo que concierne a las escuelas de Derecho, que estas deben contribuir a que los estudiantes interioricen cuatro cosas: (1) Apropiación del desarrollo profesional continuo hacia la excelencia en las principales competencias que necesitan los clientes, los empleadores y el sistema jurídico; (2) Una profunda responsabilidad y orientación de servicio a los demás, especialmente al cliente; (3) Un enfoque de resolución de problemas centrado en el cliente y el buen juicio que fundamenta la responsabilidad de cada estudiante y el servicio al cliente; y (4) prácticas de bienestar (Hamilton & Bilionis, 2022). Este planteamiento puede extenderse a otras áreas profesionales.

En México, ante la ausencia de educación en ética profesional en las IES, se trata de remediar el problema impartiendo a los estudiantes conocimientos de carácter filosófico que abordan a la ética profesional desde esta perspectiva y, por lo tanto, como una ética aplicada. Abordar a la ética profesional en tal sentido y de forma exclusiva desde el planteamiento filosófico parte de la premisa de considerar que los cambios en las creencias tienen su origen en la argumentación racional. Esta es la manera como los filósofos tradicionalmente han buscado cambiar el carácter y en algunos casos esto puede ser efectivo, sin embargo, en México no disponemos de investigaciones que ratifiquen tal postulado. Por otra parte, habría que considerar que, dicha formación filosófica debería incluir aspectos metafísicos, antropológicos y éticos como ha sido abordado en el apartado anterior, lo que no resulta sencillo de comprender ni de explicar dado el número de horas disponibles para la docencia en temas éticos. Sumado a esto, también podemos considerar el aspecto emocional, toda vez que las emociones pueden influir en sus actitudes implícitas o explícitas hacia algo. Por ejemplo, Schwitzgebel et al. (2020) sostienen esto a propósito del consumo de carne independientemente de la valoración y la fuerza de los argumentos racionales.

Sumado a lo anterior, podría resultar pertinente una aproximación a las teorías educativas que buscan no solo la mera argumentación racional, sino que tienen como finalidad que los educandos modifiquen su conducta. En tales teorías, ha ocupado un lugar preponderante la educación del carácter que busca el florecimiento humano y, precisamente esa educación del carácter sería la aplicación práctica de ese ideal (Kristjánsson, 2016). Como el mismo autor señala, lograr esto va más allá de la educación moral o educación de habilidades para la vida, deberá impregnar todo el *curriculum* y las actividades escolares. Sin embargo, un lugar preponderante puede tener la ética profesional, particularmente, porque resulta idóneo enfatizar entre otros elementos, el rol del profesional y las virtudes que se requieren para el ejercicio en un determinado ámbito.

Por otro lado, aparece la educación en competencias que ha impregnado todo el sistema educativo, "las competencias se encargan de orientar y determinar el mercado de la educación superior" (Paz Samudio, 2017, p. 102). Es tal el impacto que tienen que se ha llegado al punto de identificar educación con competencias (Paz

Samudio, 2017). Esto se da, sin que exista un acuerdo unánime acerca de su definición. Por lo tanto, habrá que analizar en qué sentido es esto compatible con la ética profesional, entendida esta como un apartado de la filosofía. Como señala Ocampo (2021) "no son suficientes las competencias, habilidades y actitudes que propone el constructivismo si no se asientan sobre hábitos que son cualidades estables que perfeccionan al ser o a la operación" (p. 60). Las competencias tienen tal relevancia en la educación superior que el siguiente apartado profundizaremos en ellas.

Ante tal panorama, la ética profesional en México sigue teniendo el reto de posicionarse dentro del *curriculum* toda vez que el mercado laboral requiere de profesionales que ejerzan éticamente lo que coloca a las competencias éticas, al lado de otras competencias profesionales que hoy son altamente demandadas. De esta manera, la ética profesional puede no solo abrirse paso, sino que deberá demostrar su contenido y su alcance, es decir, profundizar en las profesiones respecto a su significado y, por supuesto, la enseñanza efectiva de esta.

3. Las competencias profesionales y la educación superior

El término competencias profesionales es un término que es ampliamente difundido en los ambientes laborales y educativos. Por lo que al segundo se refiere, se habla con bastante frecuencia de Educación Basada en Competencias (EBC), y algunos antecedentes de su origen nos permitirán entender el alcance que pueden tener respecto a la ética profesional. Como señala Carabaña Morales, algunas ideas-moda logran llegar a los organismos internacionales "y desde allí son propuestas a diversos consejos consultivos y lanzadas a los cuatro vientos con el marchamo del organismo" (Carabaña Morales, 2011, p. 16). Tal parece que esto es lo que ha ocurrido con la educación basada en competencias "el resultado de la mera transferencia de la Psicología del Entrenamiento a lo que convencionalmente consideramos educación *sensu stricto*, se plantea y formaliza el problema de la pertinencia del enfoque EBC en el contexto de la educación general" (de la Orden Hoz, 2011, p. 47). Ante tal escenario, resulta pertinente identificar si las competencias son un camino para la enseñanza de la ética profesional.

Bajo la perspectiva de las ideas-moda podemos ver cómo el auge del planteamiento por competencias en la educación superior surge tras el desarrollo del *Proyecto Tuning* por parte de la UNESCO (Bezanilla et al., 2019), y el proceso de Bolonia por parte del Espacio Europeo de Educación Superior. Los dos proyectos buscan reformar la educación superior por medio de un planteamiento basado en las competencias profesionales. Actualmente la UNESCO impulsa la implementación de las ODS planteadas por la ONU en 2015 como parte de la agenda 2030. Ahora mismo, se habla ya de educación superior sostenible (Australia Pacific, 2017). Además, el informe a la UNESCO de la Comisión Internacional sobre la educación para el siglo XXI, encabezado por Jaques Delors, propone los cuatro pilares para la educación del siglo XXI: aprender a conocer, aprender a hacer, aprender a ser y aprender a vivir juntos. La competencia forma una parte crucial del documento, procurando involucrarlo en el aprender a hacer, mencionando un paso de la calificación a la competencia, intentando diferenciar el puro entrenamiento a la propuesta de una integridad en las competencias.

La perspectiva competencial en la educación es previa a las intervenciones de la UNESCO. Podríamos remontarnos al origen de la perspectiva educativa universitaria. El modelo napoleónico de universidad es paradigmático en casi todos los países de América Latina y algunos de Europa. Acompañado del modelo Humboldtiano, la universidad reduce sus fines a la simple preparación profesional, dejando de lado cualquier otra finalidad educativa, como podría ser la formación del pensamiento crítico, del carácter, etc. Por su parte, las competencias en su origen buscaban solamente la preparación técnica y el mero entrenamiento. "El entrenamiento para el trabajo basado en competencias aparece, pues, asociado principalmente al conductismo, a modelos instructivos como el *mastery learning* y a la enseñanza modular, coincidiendo en gran medida con el movimiento americano de formación de maestros basada en competencias de la década de 1970" (de la Orden Hoz, 2011, p. 49). Así, la preparación profesional puede encontrar su cause por medio de la educación basada en competencias, para lograr alcanzar los fines deseados para un egresado de una institución de educación superior, para su inserción en el mundo laboral.

Hoy en día, el concepto de competencia, debido a la misma ambigüedad semántica, se ha ampliado a otros aspectos propios de la educación, por ejemplo, se habla de competencia emocional. Además, se ha buscado involucrar al modelo competencial en un sistema que busca una formación integral para los estudiantes de educación superior:

> Ahora bien, los referentes básicos de la noción de competencias se ubican en las ciencias sociales, con una postura ligada a la potencialidad gnoseológica propia de la condición humana (Descartes, Chomsky, Piaget, Lévi-Strauss); y, en las ciencias económicas, con una postura ligada a la creación de dos mercados independientes, uno el del saber (de las competencias) y el otro de quienes conocen y de quienes desean adquirirlas. (Paz Samudio, 2017, p. 102)

4. La ética profesional como competencia profesional

Hasta este momento hemos afirmado que la ética profesional entendida como una ética aplicada no es sinónimo de la ética como competencia profesional. Es decir, estamos ante dos planos distintos, por un lado el filosófico y por otro, el que hace referencia a la conducta de los profesionales en un ámbito de desarrollo específico. Mientras que las competencias profesionales están enfocadas en el actuar de los profesionales, con independencia de los fundamentos que orienten su conducta, la ética profesional como una ética aplicada estudiará la bondad o malicia de los actos que llevan a cabo los profesionales. En este sentido, podemos seguir a Hamilton y Bilionis quienes explican el caso norteamericano de las Escuelas de Derecho y señalan que dichas escuelas ayudan a los estudiantes en el Desarrollo de su identidad profesional, poniendo atención explícita en las competencias que necesitan desarrollar no significa que las escuelas deben aceptar un enfoque basado en competencias, que está ampliamente difundido en Estados Unidos en las escuelas de medicina (Hamilton & Bilionis, 2022). Sin embargo, el enfoque basado en competencias puede resultar compatible con la ética de la virtud, por ejemplo, si se comprende cómo las virtudes pueden en cierta medida tener una intersección con las competencias.

El acercamiento a la ética profesional como competencia en México presenta grandes limitaciones, en primer lugar porque no hay información suficiente sobre las competencias requeridas para los profesionales. Dicha limitación puede ser subsanada en un primer momento consultando marcos de competencias que están desarrollando los profesionales en otros países. En segundo lugar, puede empezarse a desarrollar investigación por sectores que permitan comprender el alcance de la ética profesional en ámbitos específicos. Por ejemplo, en el Derecho, cierta investigación puede llevarse a cabo entre quienes son integrantes de los organismos que imparten justicia. Por otro lado, en áreas específicas de ejercicio profesional, como puede ser la mediación, notaría, consultoría, abogados de empresa. Lo mismo podemos decir de otras áreas profesionales.

Por otra parte, el acercamiento a las competencias profesionales nos permite distinguir entre estas y otras nociones que son abordadas en la ética aplicada, entre ellas, el concepto de virtud. Hay que partir de que al aproximarnos a la ética profesional como una competencia, tenemos una aproximación más limitada que la que ofrece por ejemplo la virtud. Sin embargo, aunque nuestra posición es que las virtudes son el camino que efectivamente va a permitir el perfeccionamiento de la persona o lo que ha sido denominado el florecimiento humano, puede proponerse un marco de competencias profesionales referenciado a las virtudes, que permitan ser un primer escalón en la formación del carácter. Llevar a cabo dicho trabajo es una tarea retadora.

Las competencias profesionales tienen como finalidad un "entrenamiento", por lo tanto, hay que tener claridad para qué se está entrenando a las personas. Es decir, cada profesión tiene un fin y es precisamente este fin el que va a ser la referencia. Por ejemplo, el abogado que se dedica a la labor jurisdiccional tiene un fin claro que es la justicia; el médico, la salud. La primer tarea entonces para desarrollar dicho marco de competencias es identificar cuáles son los bienes a los que las profesiones están destinadas. Dicha tarea no es sencilla, pero resulta fundamental para comprender el alcance de la ética profesional. El fin de la educación en virtudes es el perfeccionamiento de la persona, y serán compatibles con las competencias si precisamente se parte de que las competencias deben estar alineadas a las virtudes. Las competencias se centran en el actuar y la ética aplicada es una ciencia normativa que busca desarrollar máximos de acción en el sujeto, es decir, trasciende al mero actuar, interesa también de la acción la finalidad y las circunstancias en las que el agente llevó a cabo la acción. Sumado a esto, el concepto de competencia es ambiguo, aunque no hay respuestas únicas ante tal definición, no podemos ignorar cómo está presente en todos los ámbitos principalmente el ámbito profesional.

Abordar la ética profesional como competencia presenta las siguientes ventajas: (1) Incorporación en la educación superior que hoy se gestiona ampliamente bajo la dinámica de las competencias, prueba de ellos son los esfuerzos llevados a cabo a través de Tunning, en particular para el caso mexicano resulta un referente Tunning América Latina. Sumado a esto, (2) las competencias son un vehículo para impulsar el actuar ético de los profesionales toda vez que el mercado laboral también se gestiona a través de competencias. En este sentido, se alinea la formación universitaria con las necesidades del mercado laboral. Sin embargo, necesita existir un diálogo permanente entre esos dos mundos, para que lo que se define como competencia ética, no sea una mera invención consensuada, sino que responda a la objetividad que reclaman los actos éticos para ser considerados como tales. (3) Hace referencia a conductas que son observables.

Además, también identificamos ciertos retos: (1) El profesorado deberá estar familiarizado con conocimientos de ética general, toda vez que hemos señalado que siempre el sustento será la ética general. (2) El profesorado deberá estar familiarizado con el ejercicio profesional del área donde se quiere impulsar la competencia ética. (3) Al momento de definir las competencias éticas no se pierda de vista el referente filosófico en el que están asentadas. De lo contrario, se puede caer en la arbitrariedad y en el peor de los casos en inconsistencias intelectuales.

Referencias

Australia Pacific, S. (2017). *Cómo empezar con los ODS en las universidades. Una guía para las universidades, los centros de educación superior y el sector académico*. Sustainable Development Solutions Network.

Bezanilla, M. J., García Olalla, A. M., Paños Castro, J., & Poblete Ruiz, M. (2019). A model for the evaluation of competence-based learning implementation in higher education institutions: Criteria and indicators. *Tuning Journal for Higher Education*, *6*(2), 127-174. https://doi.org/10.18543/tjhe-6(2)-2019pp127-174

Carabaña Morales, J. (2011). Competencias y universidad, o un desajuste por mutua ignorancia. *Revista de Pedagogía*, *63*(1), 15-31. https://www.scopus.com/inward/record.uri?eid=2-s2.0-85011554713&partnerID=40&md5=d0a9c1d7b83a291badc463446d0ab62

de la Orden Hoz, A. (2011). The competency problems in general education. *Bordon.Revista De Pedagogia*, *63*(1), 47-61.

Gallardo Martínez, Y. (2019). ¿Es la ética jurídica un elemento de la identidad profesional del abogado? Los estudiantes opinan. *Díkaion*, *28*(2), 284-309. https://doi.org/10.5294/dika.2019.28.2.3

Hamilton, N. W., & Bilionis, L. D. (2022). *Law Student Professional Development and Formation*. Cambridge University Press. https://doi.org/10.1017/9781108776325

Kristjánsson, K. (2016). Flourishing as the aim of education: towards an extended, 'enchanted' Aristotelian account. *Oxford Review of Education*, *42*(6), 707-720. https://doi.org/10.1080/03054985.2016.1226791

Luban, D., & Wendel, B. (2020). La filosofía de la ética profesional: una historia entrañable. *Revista de Derecho (Valdivia)*, *XXXIII*(2), 49-78. https://doi.org/10.4067/S0718-09502020000200049

Melé, D. (2020). Bienes, normas y virtudes en ética empresarial. *Studia Poliana*, *22*, 221-240. https://doi.org/10.15581/013.22.221-240

Ocampo, M. (2021). La educación en virtudes en Santo Tomás de Aquino frente a la educación para la verificación y la acción de Jean Piaget. *Revista Akadèmeia, 20*(2), 56-78. https://revistas.ugm.cl/index.php/rakad/article/view/422/629

Paz Samudio, A. (2017). Una Revisión de la Noción de Competencia en la Universidad de Hoy: De Platón a Castoriadis y a Llinás. *Revista de Educación y Pensamiento, 24*(24), 100-119.

Saldaña Serrano, J. (2014a). *Ética del Ministerio Público Virtudes Ministeriales.* Instituto de Investigaciones Jurídicas de la UNAM.

Saldaña Serrano, J. (2014b). PROFESIONALISMO. PRINCIPIO BÁSICO DE LA ÉTICA JUDICIAL. In I. de I. J. . In J. Vega (Ed.), *Temas selectos de derecho internacional privado y de derechos humanos. Estudios en homenaje a Sonia Rodríguez Jiménez* (pp. 415-445). UNAM.

Schwitzgebel, E., Cokelet, B., & Singer, P. (2020). Do ethics classes influence student behavior? Case study: Teaching the ethics of eating meat. *Cognition, 203*, 104397. https://doi.org/10.1016/j.cognition.2020.104397

Torres Ortega, I. C., & Gallardo Martínez, Y. (2023). La enseñanza de la ética en las profesiones jurídicas. *Derecho Global. Estudios Sobre Derecho y Justicia, VIII*(23), 69-107. https://doi.org/10.32870/dgedj.v8i23.462

World Justice Project. (2022). *Índice de Estado de Derecho en México 2021-2022.* https://worldjusticeproject.mx/indice-de-estado-de-derecho-en-mexico-2021-2022/

Diálogo "familia y sociedad": una aproximación relacional

Dr. Rafael Hurtado*
Dr. Pablo Galindo Cruz**

1. Nociones preliminares sobre la familia

El concepto de *familia* puede ser comprendido como un fenómeno primordial (Donati, 2003), –emergente– propio del mundo de los seres humanos. Un tipo de organización original y fundamental que encuentra semejanzas en formas de organización de algunos grupos de animales superiores, pero que no tiene parangón por su capacidad para trascender el tiempo –a través de vinculaciones transgeneracionales– y el espacio, a través de uniones que no son constreñidas por obstáculos territoriales.

Es sabido que hay quienes consideran a la familia una realidad accesoria o yuxtapuesta al fenómeno social y cultural. Desde dicha óptica, a la familia se le puede exentar de sus *funciones y responsabilidades* primordiales en la que medida que éstas sean "imitadas"

* Doctor en Filosofía y Letras por la Universidad de Navarra, España. Profesor investigador del Instituto de Humanidades en la Universidad Panamericana, Guadalajara, México. orcid: https://orcid.org/0000-0001-7879-4558. Correo electrónico: rhurtado@up.edu.mx

** Universidad Panamericana, Aguascalientes, México. Correo electrónico: pgalindo@up.edu.mx

por otras instituciones intermedias, a saber, el sector educativo, la empresa o el estado. Sin embargo, la naturaleza humana reclama la existencia de la familia y, del mismo modo, la familia confirma la naturaleza humana.

Esta aclaración no es menor, pues se puede predecir que la sociedad contemporánea será recordada como aquella que puso en el centro de su discusión sociopolítica la supremacía del *individuo*: sus libertades y sus derechos, pero sobre todo la igualdad.

Desde una óptica individualista se concibe a la institución familiar como un "entramado de individuos" iguales que buscan sincrónica y paralelamente su propio bienestar individual. Pero la familia es la institución de las grandes diferencias. Una concepción igualitaria de la familia impide una comprensión ontológica y cronológica de la familia.

Ontológicamente la familia es de origen una organización jerárquica basada en la relación paterno-filial. Pero, contrario a lo que sucedería en una organización política, la jerarquía no implica mayores privilegios, sino una mayor responsabilidad a la vez que exige una gran madurez, pues los padres tendrán que subordinar deseos, intereses, caprichos y gustos individuales al proyecto común de la familia.

Cronológicamente no hay ningún momento en que la temporalidad de los padres y los hijos sea idéntica: la familia es la institución histórica por antonomasia, y su gestación no puede explicarse como el resultado de un "contrato social" en un estado pre-natural, pues no tiene siquiera sentido hablar de tal estado, cuando la existencia anterior de los padres es condición de posibilidad de la existencia posterior de los hijos. Los padres y los abuelos son, en ese sentido, siempre nuestros antepasados.

La visión individualista hace de la familia una forma de asociación accidental u opcional. La visión utilitarista reduce a la familia a un instrumento de solución de necesidades de tipo fisiológico, un instrumento que tiene como fin colaborar al crecimiento económico de la sociedad. Individualismo y utilitarismo por igual impiden comprender a la familia como un universo de sentido y plenitud humana, como el lugar primordial de la educación, la intimidad y la educación en la intimidad; una institución radical o, como afirma el filósofo español Rafael Alvira, "el alma de toda sociedad" (Alvira & Hurtado, 2023, p. 75).

En ese tenor, el sociólogo italiano Pierpaolo Donati (2003) considera que la familia es un fenómeno primordial por las siguientes tres razones: 1) *se encuentra en el origen de toda sociedad*; 2) *experimenta una constante 'reproducción'*; 3) *se encuentra en el origen de todo individuo*. ¿En qué se traducen estas enunciaciones? Pues en la aceptación de que el individuo (incluso en sentido "moderno") es originado necesariamente en la familia, partiendo de su dimensión biológica, originado desde una relación *sui generis*: el matrimonio de sus padres. Incluso frente a los nuevos y reiterados intentos por desarrollar técnicas alternativas de reproducción humana a través de la tecnología (*IVF*, principalmente), éstas no han logrado prescindir de la presencia de un varón y una mujer. Lo que sí se está logrando –con creces– es excluir el contacto físico entre los sexos al momento de la concepción, a saber, cuestión que parcializa la interacción íntima sexual y sus posteriores consecuencias a nivel social y cultural.

Ciertamente, la unión (sexual o no) entre un varón y una mujer no constituye *de facto* una familia, pero sí se puede afirmar que la familia supone necesariamente dicha unión. En otras palabras, la familia es la institución en la que la relación entre varón y mujer provee la asociación necesaria para la "gestación" del ser humano en sentido amplio, en el entendido de que ésta ha de responder tanto a sus necesidades naturales y biológicas, como a las expectativas sociales, culturales e incluso religiosas. Más aún, la dimensión genético-relacional de la familia tiende a cimentar la vinculación individuo-colectividad, familia-sociedad, que con el tiempo hace posible el mundo de los seres humanos.

Por ello, resulta imprescindible entender el origen del ser humano si lo que se busca es profundizar en su destino. En el origen del ser humano está la dualidad irreductible de mujer y varón. Esta dualidad insustituible para la generación de vida apunta a *la necesidad absolutamente radical del otro*. P. Donati (2003) señala al respecto: "al principio de la existencia temporal de una sociedad no existe el individuo aislado, sino el grupo familiar: si el individuo está completamente aislado, muere" (p. 21). Nosotros seríamos incluso más radicales: el ser humano no puede *ser*, no puede advenir al ser, si no es por la conjunción de la dualidad varón y mujer.

De la imposibilidad física y ontológica de advenir al ser y de sobrevivir en el aislamiento, se desprenden rasgos definitorios tanto de la dimensión corpórea como de la dimensión espiritual de todo ser humano. Algunos de estos rasgos han sido señalados por el filósofo escocés Alasdair MacIntyre (2001) haciendo alusión a la relación grupal familiar desde el trinomio *vulnerabilidad, dependencia y animalidad*.

Para A. MacIntyre (2001), la vulnerabilidad y dependencia del ser humano se manifiestan en su incapacidad de sobrevivir y desarrollarse plenamente sin la ayuda de otros seres humanos. Ya hemos hecho hincapié en una 'vulnerabilidad ontológica' que implica la obviedad de que ningún ser humano se da el ser a sí mismo. Una afirmación que no por obvia está exenta de causar polémica: la pretensión moderna formulada de manera cada vez más drástica es que no debe haber límites a los deseos humanos: detrás de todo deseo hay un derecho; y lo más importante es la elección libre de acuerdo con los deseos individuales. Todo aquello que obstaculice nuestros deseos es en principio malo; y todo aquello que favorezca nuestros deseos es bueno.

Contra esta visión voluntarista del ser humano MacIntyre (2001) subraya la incómoda realidad innegable de nuestra vulnerabilidad y dependencia, que se manifiestan en necesidades o exigencias de nuestra naturaleza que no podemos atender en el aislamiento y que tampoco podemos postergar. Por un lado, están las necesidades relativas a nuestra condición animal, de organismo vivo, que requieren la ayuda de otros para ser saciadas. Por otro lado, están las necesidades propias de la especie humana, entre las que se incluye la necesidad de pertenecer a una comunidad y establecer relaciones con otras personas que estimulen nuestra racionalidad práctica, y a través de las cuales podamos aprender a tomar buenas decisiones (MacIntyre, 2001). Por consiguiente, se puede afirmar que el ser humano necesita vivir en "comunidad" irremediablemente, pero ésta inicia de modo radical e identitario en la familia (Athié & Hurtado, 2020). Al menos en dos sentidos la familia es la base de la sociedad:

En primer lugar, es en la familia donde tiene lugar la educación más fundamental e indispensable para pertenecer a una comunidad. Es en la familia donde se atienden las necesidades más básicas, "las más animales", de higiene, alimentación y cuidados; pero es también en la familia donde se aprende el lenguaje. Y el lenguaje es la base de la política.

En un segundo sentido, las comunidades se articulan a partir de las familias. Las primeras comunidades son las familias extensas. La noción de que puede generarse una comunidad basada en un contrato suscrito por mayores de edad venidos de ninguna parte, sin ningún vínculo afectivo, religioso o sanguíneo, y unidos únicamente por el afán de "aumentar el producto interno bruto", es una de las grandes falacias de nuestro tiempo; ninguna comunidad ha surgido así.

Sin la familia, la persona no puede sobrevivir, mucho menos florecer. Tal afirmación guarda en su semántica una tónica bíblica por demás olvidada: "varón y mujer los creó" (*Sagrada Biblia*, 2016, Gen. 1:27), "…hueso de mis huesos, y carne de mi carne" (Gen. 2:23), "…No es bueno que el hombre esté solo…" (Gen. 2:18). La pregunta que cabe ahora es la siguiente: ¿es la familia una institución que puede sustituirse por otra clase de asociación negando la relacionalidad original del ser humano?

Desde una perspectiva cristiana, recordemos que la concepción del hombre parte de la idea de su semejanza, en imagen, con Dios, la cual no sólo se reduce a la racionalidad sino también a la relacionalidad. Un ejemplo de esta concepción se puede encontrar en uno de los textos cristianos más leídos, escrito por san Agustín (1956), a saber, *De Trinitate*. Aquí, el Obispo de Hipona estudia el alma humana en cuanto trinidad: *inteligencia, voluntad, memoria*, desde la óptica de la naturaleza de Dios, sosteniendo que la racionalidad y la relacionalidad se implican necesariamente, pues no se puede conocer verdaderamente sin deseos de amar lo conocido, y no se puede amar bien si no se desea conocer a profundidad lo amado.

Llevando esta idea al binomio familia-sociedad, si lo que se pretende es pensar el modo idóneo de "hacer familia", será necesario partir de la propia experiencia originaria de "vivir en familia" y desde la cual se tiende a pensar (o repensar) la sociedad. Una estrategia común de los detractores de la familia es mencionar todas las dinámicas destructivas que se dan en las familias; pero no mencionan todas las familias que por milenios han logrado establecerse como uniones de sentido, amor y compromiso, y no mencionan tampoco que en el presente la familia sigue siendo la institución más robusta y la que mejor puede proteger a sus integrantes.

La familia –diría G. K. Chesterton (2010)– es una sociedad en pequeño, y la calidad de sus relaciones "sociales" dependen en buena medida de la calidad de sus relaciones familiares. Volviendo a P. Donati (2003), la familia se puede debilitar temporalmente, pero tiende a resurgir por razón de su "continua reproducción" (p. 21). Esto es: las pautas culturales que en ella se "gestan" tienden a perpetuarse en la existencia humana.

2. La persona humana: ser originado

2.1. Seres vulnerables y dependientes

Como se ha señalado hasta el momento, la relacionalidad del ser humano no es una cuestión meramente accidental, sino esencial. En esta sección se busca ampliar la discusión desde el trinomio –vulnerabilidad, dependencia, animalidad– anteriormente señalado a la luz del pensamiento de A. MacIntyre. En ese tenor, Consuelo Martínez Priego y Miguel Rumayor (2016) afirman que la relacionalidad humana ha estado presente en muchas definiciones de "ser humano" que se han ido formulando a lo largo de la historia:

> La antropología puede hacerse considerando al hombre como solucionador de problemas, o bien como un ser abocado a la muerte. Otros han preferido subrayar la dimensión simbólica (…), mientras algunos entienden que lo más radical es ser alguien arrojado a la existencia. Y no podemos olvidar la consideración del hombre como animal racional o ζῷον πολίτικον –animal político–, entre otras muchísimas perspectivas. Sin embargo, entendemos que la más radical, por cuanto mira al origen, al principio temporal y al antecedente necesario de nuestra existencia, es la de su *condición filial*.

Como ya hemos mencionado, la filiación es otra manera de nombrar el hecho de que los seres humanos advienen al ser gracias y a través de los padres. Recibimos el ser no de una máquina o por azar, sino a través de un acto de amor y de acogida de los padres. Este acto de amor y de acogida son incondicionales, pues los padres no "mandan a hacer" a los hijos de acuerdo con una serie de estándares de calidad, ni los aceptan solo bajo la condición de que el "desempeño" de los hijos sea sobresaliente.

Por eso, la fecundación artificial rompe con la gratuidad del acto de amor en el origen de una nueva vida humana, un acto de amor que supera el placer del momento y se proyecta en una nueva vida. La fecundación artificial no es gratuita, implica siempre la manipulación técnica de embriones humanos y la manipulación del cuerpo de personas adultas. Es un tipo de fecundación cuyo precio está determinado por las leyes del mercado, de oferta y demanda, y que por supuesto está sujeto a "estándares de calidad" que corresponden a su precio.

Por el contrario, en la genuina filiación la racionalidad y relacionalidad se muestran inseparables, pues el desarrollo de la racionalidad se da en el ámbito de la relación íntima entre el infante y sus padres: con cada nueva palabra que los padres enseñan a sus hijos, transmiten un universo de significados que ellos mismo han recibido de sus antecesores.

No puede haber comportamiento humano que no se haya adquirido en una cierta "comunidad de aprendizaje", lo cual implica experiencia, existencia y filiación. Al respecto, Aristóteles (2005) comenta: "El que no es capaz de vivir en comunidad o que no necesita nada porque se basta a sí mismo, no es parte de una ciudad sino una bestia o un dios" (*Política*, I, 1253a). La comparación que realiza el *Estagirita* es por demás ilustrativa. Se puede comprender que los animales, aunque dependan físicamente de sus semejantes, al ser incapaces de razonar, tampoco pueden ser poseedores de la verdad o expectantes del bien en común, mucho menos son capaces de establecer una "asociación política". Los "dioses" —al menos los paganos— al no ser físicamente vulnerables, no están condicionados a necesitar de otros, se bastan a sí mismos. Volviendo a Aristóteles (2005):

La palabra es para expresar lo útil y lo perjudicial, así como lo justo y lo injusto. Y esto es lo propio del hombre frente a los demás animales: ser el único que posee el sentido del bien y del mal, de lo justo y lo injusto, y demás nociones. La posesión en común de todo ello origina la familia y la ciudad. (*Política*, I, 1253a)

En efecto, pensar el bien reclama hacer el bien. Pensar la sociedad reclama pensar en la vida de personas concretas con nombre y apellido, y con ello ya estamos hablando de la familia. A. MacIntyre (2001) afirma que, a lo largo de la historia de la filosofía, se ha puesto especial énfasis en las maravillas que han emanado del correcto uso de la razón humana, de su racionalidad. Pareciere que somos pura "mente", como si la corporeidad fuera una nota meramente secundaria o "añadida" a nuestra naturaleza. El olvido de esta realidad, el desprecio de la *vulnerabilidad* del hombre nos está llevando sin remedio a una concepción deficiente de la institución familiar, y por ende, del resto de las instituciones civiles, el estado, la empresa, incluso la universidad. En efecto, el ser humano necesita ser apoyado y sostenido en la existencia, pero no por cualquiera (Santamaría & Hurtado, 2021).

La dimensión *simbólica* de la persona no puede ir al margen de su condición biológica. Lo propio y específico de la familia es, precisamente, que en ella somos "originados" tanto en el ámbito biológico como en lo cultural, estableciendo un tipo de *vínculo* total, abarcador, originario, que no se da –no puede darse– en ninguna otra institución de igual modo. Los cuidados que los padres y las madres de familia dan a sus hijos –sobre todo en las primeras etapas de la vida– constituyen las primeras enseñanzas de vida que con el tiempo forjan (en lo posible) el carácter. La crianza de los padres dota al nuevo ser humano, al hijo, de un modo específico de vivir. Es decir, saber hacer las cosas, lo cual implica explicar "cómo" y "por qué" se hacen las cosas de un modo o de otro: cómo se ha de vestir, cómo se ha de comer; cómo mantener la higiene, entre otros. Ahora bien, nos podemos preguntar: ¿es posible generar individuos, ciudadanos responsables y psicológicamente estables, de modos alternos o paralelos a la institución familiar? Para dar respuesta a esta incógnita, primero se ha de resolver la duda sociológica respecto de la separación entre lo estrictamente biológico y lo construido social y culturalmente.

2.2. Seres familiares y responsables

Siguiendo a P. Donati (2003), la familia se encuentra en el origen de todo individuo y, por ende, de toda la sociedad. Esto se sostiene frente a la consideración de que la naturaleza del ser humano no implica solamente su dimensión biológica, sino que implica necesariamente una identidad cultural concreta, simbólica, de modo inseparable. Esto apunta a la imposibilidad de alternar con diversos modos de asociación humana si lo que interesa es el florecimiento genuino de los humanos. Por ello, la familia, en tanto proveedora de las condiciones básicas y necesarias en lo biológico, lo afectivo y lo relacional, hace posible dicho florecimiento. Ahora bien, surge al mismo tiempo la duda sobre si lo que los sociólogos llaman "familia nuclear" (padre, madre e hijos) es imprescindible para el recto funcionamiento de "la familia". Al respecto, P. Donati cita estudios empíricos que dan soporte a la presencia constante de la familiar nuclear de modo transcultural:

> Éste es el sentido de la tesis de G. P. Murdock (1968). Tras comparar doscientas cincuenta sociedades diferentes de diversas épocas históricas, demuestra que la familia nuclear es universal en cuanto prerrequisito funcional e institucional que asume algunas funciones fundamentales que no pueden ser desempeñadas por otras instituciones sociales. (Donati, 2003, p. 31)

Desde luego –aclara el autor italiano– este apunte no implica que la familia nuclear sea la única o exclusiva composición familiar existente. Pero si se puede inferir que su presencia sugiere hasta cierto punto su validez. Con respecto a lo que también se conoce como la "familia tradicional" –familia nuclear más familia política– y a las "familias monoparentales" o "uniparentales", presentes en diversos contextos históricos, el estudio de G. P. Murdock demuestra que sólo la familia nuclear puede considerarse una realidad universal: "Cómo dice Lévi-Strauss (1967) «la unión más o menos duradera, socialmente aprobada, de un hombre, una mujer y sus hijos, es un fenómeno universal presente en cualquier tipo de sociedad»" (Donati, 2003, p. 31).

Un simple ejercicio de la imaginación nos permite verificar la fuerza y validez de la argumentación anterior. Imaginemos una sociedad en la que la minoría de las familias fueran nucleares (padre, madre e hijos), quizás se sostenga una generación o dos, pero con el tiempo la *procreación* o generación de nuevos ciudadanos, tal y como la conocemos, resultaría imposible. La supervivencia de la estirpe tendría que depender de mecanismos de reproducción biológica alternativos de orden artificial, separados de las relaciones de crianza en el vientre materno. Esta fantasía resulta por demás *Orwelliana-Huxeliana*, pero, como hemos dicho, la naturaleza biológica y simbólica del hombre son realidades unidas metafísicamente.

Ahora bien, imaginemos una sociedad exactamente opuesta, en la que la gran mayoría de las familias estuviesen constituidas nuclearmente. Es evidente (la historia así lo demuestra) que la generación y la crianza de futuros ciudadanos resultará factible, aunque no exenta de los retos y desafíos consabidos. Desde luego que es necesario incorporar al análisis la posibilidad de la contingencia en la vida de una familia nuclear: el abandono, el hambre, la violencia, e incluso la muerte. Sin embargo, por ahora su consideración excede los alcances de este escrito. También deberían analizarse los diversos modos en los que se ha dado la relación entre los procreadores (varón y mujer) y los procreados (hijos), la cual ha presentado diversas características a lo largo de la historia.

En términos estructurales, en ciertas sociedades se ha presentado la *poligamia* o la *poliandria*, así como la sucesión ha sido en algunos momentos *patrilineal* y en otros (Donati, 2003). Sin embargo, lo que unifica de algún modo estas cuatro directrices socioculturales es que, en todas, deseables o no, se confirma el postulado de que la procreación humana queda enraizada en una estructura familiar ciertamente nuclear. Cómo se dijo anteriormente, es en la familia el lugar donde las relaciones primarias tienen lugar, además de permitir la supervivencia y sostenimiento básico, proveeduría del lenguaje y costumbres, así como el espíritu de trascendencia, lo que permite al hijo la formulación de juicios de valor y comportamiento racional. De la calidad de estas relaciones dependerá la calidad del comportamiento práctico y la competencia vital de cada uno de los individuos engendrados.

El camino del comportamiento –que implica el razonamiento– práctico tiene como punto de partida, sin lugar a dudas, aquellos juicios iniciales que adquirimos en el hogar familiar, y que a su vez definirán, en buena medida, el modo en que nos desenvolveremos a lo largo de nuestra vida. Los padres de familia tienen la *responsabilidad* –como diría el tan añorado Karol Wojtyla– (Hurtado, 2021) de enseñar a sus hijos a encausar los deseos y emotividades afectivas en favor de un comportamiento virtuoso, capaz de perseguir bienes superiores a los meramente "animales" (MacIntyre, 2001).

2.3. *Seres familiares y relacionales*

P. Donati señala cuatro funciones que cumple la familia nuclear y que, de acuerdo con la contrastación empírica referida en los puntos anteriores, no pueden cumplirse cabalmente prescindiendo del ámbito familiar y doméstico. Estas funciones son: 1) *la sexual*; 2) *la económica*; 3) *la reproductiva*; 4) *la educativa*. Según Murdock, –nos dice Donati– "si no se diesen la primera y la tercera, la sociedad se extinguiría; sin la segunda la vida se degradaría, y sin la cuarta no podría emerger la cultura" (Donati, 2003, p. 32).

La *función sexual* hace referencia a cómo la familia permite trazar los "límites socialmente vinculantes", en lo referente a las relaciones entre los sexos (masculino y femenino) y las obligaciones irrenunciables entre adultos e infantes –la *función reproductiva y educativa*– entre padres e hijos, y lo relativo a la procreación y la educación de las nuevas generaciones como lo comenta Donati (2003):

> Las relaciones sexuales pueden regularse o no por la sociedad, pero en la familia están reguladas estrechamente, no sólo por la prohibición del incesto, sino también porque se espera que los hijos sean reconocidos por la pareja que los ha engendrado. La familia nuclear sólo podría desaparecer cuando estas reglas, prohibición del incesto y regla de filiación, no fuesen válidas para la sociedad, esto es, cuando se convierte en norma la posibilidad de tener relaciones sexuales entre padres e hijos o entre hermanos y hermanas, y cuando los hijos no fuesen reconocidos a partir de las relaciones sexuales, sino de otra forma (p. 33).

La *función económica* apunta hacia la "división del trabajo", hacia el interior de la familia, hacia el hogar familiar, tomando en cuenta las distintas configuraciones de los sexos y las necesidades de corresponsabilidad (Carlson, 2010). Tanto la *función sexual* y la *educativa* están íntimamente relacionadas con la *económica*, pues quedan unidas con el tema del nacimiento del todo ser humano, enraizado en el vientre materno. En efecto, todos somos "hijos de mujer", hecho radical que queda impreso en el alma de todo ser humano, y que de algún modo general lo corroboran *las cuatro funciones de la familia* arriba mencionadas, que tanto padres como madres de familia han de asumir –de modo generoso y "misterioso"– en su hogar, antes que en cualquier otro ámbito de diálogo y convivencia humana. A continuación, explicaremos con mayor lujo de detalle cada una de ellas:

1. *La función sexual*: recodemos que la familia ha sido encomendada con la función más básica y necesaria del mundo de las personas, a saber, la crianza y educación de los hijos, partiendo de la mutua ayuda que los esposos se deben en cuanto cónyuges a título de derecho, de la cual se deriva el don de *la sexualidad humana*. Ésta se ha de vivir de modo libre y recíproco, implicando de modo habitual y sin recovecos la expresión del cariño y de la ternura conyugal, así como la apertura a la fecundidad (Wojtyla, 2021). En efecto, los cónyuges han de asumir esa "entrega sin reservas" con sumo respeto y dignidad, pues todo esfuerzo humanizador y civilizatorio encuentra en su centro la veracidad del amor matrimonial, el cual queda impreso en la vida de los hijos que han de nacer a partir de ese amor. En efecto, como ya se ha mencionado, el modo en que los cónyuges viven la función sexual impacta profundamente el mundo institucional, frente a ellos mismos y frente a la sociedad en general. Por tal motivo, varón y mujer, padre y madre en potencia, complementarios y vinculados irrenunciablemente a la vida de sus hijos (Wojtyla, 2021), representan el fundamento de toda relación sociocultural, la cual debería ser garantizada y protegida por el entrono sociopolítico y corporativo.

2. *La función económica:* ante la posibilidad de que los cónyuges puedan interactuar sexualmente, es importante que dicha interacción quede enmarcada en el ámbito de intimidad por excelencia, a saber, el hogar familiar (Chesterton, 2010). Este es el espacio –físico y psicológico– en el que se ha de promover el florecimiento humano de los miembros de la familia, partiendo de la realidad más ma-

terial hasta lo más trascendente. El hogar es un ente autónomo, sagrado refugio doméstico, posibilitado en esencia para hacer frente a las contingencias temporales u pasajeras del mundo circundante (Alvira, 2020): hambrunas, pandemias, guerras, entre otras. Para ello, el hogar familiar ha de mantener operativamente sus funciones básicas *ad intra*, a saber, el acogimiento, la restauración, el alimento (también espiritual) y el cobijo de sus integrantes (Marcos & Bertolaso, 2018). Sin embargo, dichas funciones se articulan correctamente cuando el hogar goza armónicamente de un principio abarcado mejor conocido como *la economía familiar* (Hurtado, 2019). El concepto clásico de economía (*oîkos*-casa; *nomós*-ley) sugiere la importancia de saber articular la relevancia de la propiedad con el trabajo productivo y el salario justo. Sin este balance, la participación cívica (más allá del voto), el acceso al libre mercado de bienes y servicios, así como la libertad de educación (incluyendo la institucional), se pone en entredicho. El entorno sociopolítico ha de promover dicho balance, independientemente su orientación liberal o conservadora (Robertson, 2002), pues el florecimiento de la nueva *prole* depende ello (Carlson, 1990).

3. *La función reproductiva*: al mismo tiempo, la familia el sentido de su convivencia sexual al momento de plantearse en serio la posibilidad de la paternidad y la maternidad, la cual abre las puertas a un tema de máxima relevancia en la cultura contemporánea, a saber, *la determinación de la fecundidad* (Scola, 2005; Wojtyla, 2021). Es sabido que los romanos dieron al matrimonio (*matris*-madre; *munium*-encargo) un cierto carácter institucional, y con el tiempo adquirió una profundo sentido ritual y religioso en las culturas cristianas posteriores, apuntando hacia lo permanen-

te, lo estable, expresando su más grande potestad civizato-
ria: *la libertad de engendrar y educar a sus hijos* (Hurtado,
2006). En ese sentido, los padres de familia han de asumir
la vida de los hijos con una profunda solemnidad, pues en
ellos quedan unidas dos familias distintas, generando ciertas codependencias y responsabilidades que llevarán con el
tiempo a que una nueva generación de ciudadanos llegue
a "buen puerto", desde una óptica intrafamiliar e interge-
neracional. Dicho de otro modo: ¿quién cuidará del hijo?,
¿quién se encargará de administrar los frutos del trabajo
productivo entre aquellos que no son aptos de autogestión?
En efecto, la paternidad y la maternidad generan "encargos" irrenunciables que han de sanar, educar y proteger
principalmente a los propios hijos, de tal modo que éstos
aspiren con el tiempo a saber hacerse cargo de sus propias
vidas, y eventualmente, la vida de los demás, hasta el grado
máximo de lograr encargarse de sus propias familias. La
aceptación del peso específico de la función de reproducción sugiere la transmisión de la cultura y la tradición de
generación en generación, siendo cada hijo el "continente"
de este "repositorio cultural", confiado de abuelos a padres,
tíos, primos y finalmente al hijo, con vistas que éste lo asuma, lo haga suyo y, con el tiempo, se atreva a retarlo y con
el tiempo mejorarlo.

4. *La función educativa*: vivir en familia o mejor dicho en un
hogar familiar implica necesariamente una cierta estructura de orden político doméstico, el cual parte desde la autoridad de los padres y de su interés compartido y correspon-
sable de asumir la auténtica educación de sus hijos. Educar
(ēdūcere-criar; *ēdūcāre*-guiar) puede ser considerado como
el *zenit* de la interacción entre padres e hijos. El orden social y cívico, así como el resto de las "fidelidades" societa-

rias, institucionales o corporativas, se han de subordinar a la mediación de orden político doméstico, el cual ostenta la obligación y la potestad de los padres de transmitir a sus hijos la propia espiritualidad; los hábitos y costumbres; el *folklore* que allí se vive; las habilidades prácticas necesarias para transmitir su mismo modo de vivir a su futura familia; los conocimientos adquiridos, teóricos y prácticos, para posteriormente enfrentar los retos de la sociedad comercial y móvil (Alvira, 2020). El resto de las instancias intermediarias, a saber, las guarderías, centros de estimulación temprana, los colegios, e incluso la universidad, podrán ser fieles a su esencia en la medida en que son "contratadas" por la familia (no de modo exclusivo, obligatorio o permanente) para complementar el florecimiento de los hijos, sin pretender ser un sustituto del espíritu familiar y doméstico (Robertson, 2003).

Conclusión

En nuestro tiempo hemos podido observar el progresivo debilitamiento de los "vínculos" sociales y afectivos entre adultos e infantes, entre ancianos y jóvenes, pero sobre todo entre varones y mujeres. Ciertamente, no se puede afirmar que dichos vínculos estén del todo fracturados, pues eso implicaría un grado de descomposición del entramado social de tal magnitud que haría imposible la supervivencia de la comunidad política, el estado, la empresa y otras instituciones intermedias. Lo que sí es evidente es que han aumentado las tensiones, los índices de estrés y depresión, y –por supuesto– la ruptura familiar.

Ante este escenario no muy esperanzador, resulta de gran importancia pensar en un plan de rescate social, en el que la institución familiar, su reivindicación como un espacio de natural de modelación de seres humanos, de vínculos afectivos, de educación y de intimidad, ocupe el lugar central. En efecto, la procreación de seres humanos, tal como hemos apuntado hasta el momento, implica necesariamente la participación activa de varones y mujeres, así como el irrenunciable diálogo entre adultos e infantes, entre procreadores y procreados. En ese sentido, P. Donati (2003) advierte que el debilitamiento de las relaciones en el ámbito sociocultural está íntimamente ligado al debilitamiento de las relaciones intrafamiliares, relaciones que suponen la distinción de sexo y de generación, distinciones de las cuales devienen fines comunes trascendentes.

El enfrentamiento entre las relaciones señaladas –de sexo y generación– se ha manifestado en nuestros días a modo de constantes descalificaciones intergeneracionales (*babyboomers, millennials, centennials*), o bien la guerra entre los sexos (*sexismos, machismos, feminismos*). Parece ser que todos tienen un fondo común: *el progresivo debilitamiento de la vida familiar y doméstica como taller de modelación humana*. En efecto, la vida doméstica no acepta sincronizaciones de egoísmos, ni individualismos exacerbados, ni colectivismos falaces. Tampoco se nutre o desarrolla a partir de meras negociaciones democráticas, libertarias e igualitarias, sino de una relación fundacional y abarcadora, de mutua dependencia y entrega recíproca, modelada por la incondicionalidad.

Referencias

Agustín, S. (1956). *Tratado sobre la Santísima Trinidad* (2da. Ed.). Biblioteca Autores Cristianos. (Obra original publicada entre el 400-416 d.C.).

Alvira, R. (2020). Lo común y el habitar humano. En R. Athié & R. Hurtado (Eds.), *De la familia a la comunidad. Un estudio interdisciplinario* (pp. 35-50). EUNSA.

Alvira, R., & Hurtado, R. (2023). *Oikía y Polis. Familia: raíz y alma de toda sociedad.* EUNSA.

Aristóteles. (2005). *Política.* Biblioteca de Autores Cristianos. (Obra original publicada entre el 335-322 a.C.).

Athié, R., & Hurtado, R. (2020). *De la Familia a la Comunidad. Un estudio interdisciplinar.* EUNSA.

Carlson, A. (1990). *Family questions. Reflections on the American Social Crisis.* New Brunswick: Transaction.

Carlson, A. (2010). Family, economy, and distributism. *Communio, 37,* 634-642.

Chesterton, G. (2010). *La cosa y otros artículos de Fe.* Espuela de Plata.

Donati, P. (2003). *Manual de sociología de la familia.* EUNSA.

Hurtado, R. (2006). *Reflexiones sobre el trabajo en el hogar y la vida familiar.* EUNSA.

Hurtado, R. (2019). El trabajo doméstico: de la Rerum Novarum a la Amoris Laetitia. *Metafísica y Persona, 22,* 61-81.

Hurtado, R. (2021). *La paternidad en el pensamiento de Karol Wojtyla.* EUNSA.

MacIntyre, A. (2001). *Animales racionales y dependientes.* Paidós.

Marcos, A., & Bertolaso, M. (2018). What is a home? On the intrinsic nature of a home. En A. Argandoña (Ed.), *The Home. Multidisciplinary reflections.* (pp. 35-56). Edward Elgar Publishing.

Martínez Priego, C., & Rumayor, M. (2016). *La familia y sus ámbitos. Cinco ensayos en torno a la familia desde la persona.* Porrúa.

Robertson, B. (2002). *Forced labour. What's wrong with balancing work and Family.* Spence Publishing Company.

Robertson, B. (2003). *Day care deception. What the child care establishment isn't telling us.* Encounter.

Sagrada Biblia (2016). Edición Latinoamericana. EUNSA.

Santamaría, M., & Hurtado, R. (2021). La Necesidad de Apoyo y la Relación Paterno-Filial. *Revista Conocimiento y Acción*, *1*(1), 25-36.

Scola, A. (2005). *The nuptial mystery*. Eerdmans.

Wojtyla, K. (2021). *Amor y responsabilidad*. EUNSA.

La Responsabilidad Familiar Corporativa: una aplicación de la Ética Empresarial

Dr. Rafael Hurtado*

Dr. Hugo Cruz**

1. Primera aproximación al concepto de Responsabilidad Familiar Corporativa

La *Responsabilidad Familiar Corporativa* se puede definir como "el compromiso de las empresas de impulsar el liderazgo, la cultura y las políticas de flexibilidad que faciliten en sus organizaciones la integración de la vida laboral, familiar y personal de sus empleados" (Chinchilla & Jiménez, 2014, p. 4). Este concepto, a diferencia de otros similares —a saber, *balance trabajo-familia*, *conciliación trabajo-familia* o *equilibrio trabajo-familia*— asigna una responsabilidad específica en relación al modo de obtener ciertos resultados a una de las partes implicadas en la relación empleador-empleado. En la definición aquí presentada, Nuria Chinchilla y Esther Jiménez asumen en principio que, en tal relación, quien ostenta

* Doctor en Filosofía y Letras por la Universidad de Navarra, España. Profesor investigador del Instituto de Humanidades en la Universidad Panamericana, Guadalajara, México. orcid: https://orcid.org/0000-0001-7879-4558. Correo electrónico: rhurtado@up.edu.mx

** Universidad del Istmo, Guatemala. Correo electrónico: hcruzrivas@unis.edu.gt

una mayor capacidad de poder ha de asumir en consecuencia una responsabilidad igualmente protagónica. Esto no significa que el empleador (o la empresa) ostente una mayor responsabilidad *ipso facto,* o mejor dicho de modo exclusivo o único. De hecho, el empleado ha de asumir su propia responsabilidad con vistas a hacer florecer su propio bienestar, a la par del Estado y sus instituciones intermedias desde sus respectivos marcos legales, todos en favor de la paz y la seguridad de todos, es decir, el bien común.

Ahora bien, lo que la definición señalada pretende manifestar es que, independientemente de los diversos actores implicados en el "bien común", la empresa tiene una responsabilidad muy específica que se puede dividir en tres aspectos latentes: 1) *estilo de liderazgo*; 2) *cultura organizacional favorable*; y 3) *políticas de flexibilidad*.

Por *estilo de liderazgo* se entiende en este contexto aquel que se ha de expresar en términos de "conductas" que proceden de personas con encargos específicos, orientadas a que sus colaboradores desarrollen una racionalidad que les permita integrar de modo eficaz su vida familiar, laboral y personal. Esta articulación fue introducida en la literatura especializada con el término *Family Supportive Supervisor Behaviours*, el cual tiene dimensiones: a) dar apoyo y soporte emocional; b) ser modelo a seguir (o *role modeling*); c) dar apoyo instrumental (saber cómo aplicar las políticas existentes en la empresa); y d) ser creativo en la gestión de la relación trabajo-familia de sus colaboradores (Hammer et al., 2009).

Por *cultura organizacional favorable* se hace alusión al conjunto de supuestos, creencias y valores compartidos por los miembros activos de una organización en relación con el grado en que ésta valora la integración de la vida familiar y laboral de sus colaboradores (Thompson et al., 1999). El reto aquí radica principalmente en la intangibilidad, la complejidad y el arraigo que por naturaleza tienen estos elementos en la personalidad de todos los participantes de la organización.

Finalmente, por *políticas de flexibilidad* se alude al conjunto de reglas oficialmente establecidas por la empresa, específicamente orientadas a facilitar la integración de la vida familiar, laboral y personal. Éstas se suelen clasificar de acuerdo a cuatro áreas específicas: a) apoyo a la maternidad/paternidad; b) flexibilidad de tiempos y horarios; c) flexibilidad de lugar de trabajo; y d) beneficios extrasalariales (descuentos, bonos, becas, etc.).

Por su esencia, la Responsabilidad Familiar Corporativa procura materializar en tiempo y forma estos tres elementos definitorios traducidos a beneficios tangibles e intangibles para el colaborador (la persona), para la organización (la empresa) y para el entorno (la sociedad). En el Cuadro 1 –elaboración con base en Chinchilla y Jiménez (2014)– se presentan de modo esquemático dichos beneficios partiendo de la persona:

Cuadro 1:

Beneficios para las personas	• Mayor capacidad de organización del tiempo • Reducción de estrés • Mejora de las relaciones con cónyuge e hijos • Mejora de la calidad de vida (mejora del sueño, más ejercicio físico y más tiempo para responsabilidades no laborales)
Beneficios para las empresas	• Disminución del absentismo • Mejora de la satisfacción de los colaboradores • Disminución de la intención de dejar la empresa • Disminución de la rotación, sobre todo en puestos clave • Aumento de la lealtad

Beneficios para la sociedad	• Reducción de contaminación ambiental al reducir el número de desplazamientos cuando se aplica el teletrabajo
	• Disminución de costos de tratamiento de enfermedades derivadas del estrés
	• Mejora de los indicadores demográficos
	• Mejora del rendimiento escolar de los hijos
	• Disminución de probabilidad de adicciones y conductas delictivas por parte de los adolescentes gracias a la mayor presencia de padres y madres en el hogar

2. Contexto teórico de la Responsabilidad Familiar Corporativa

2.1. La Responsabilidad Social Corporativa frente a la Sostenibilidad

En 1953, Howard R. Bowen introdujo el concepto de *responsabilidad social corporativa* en su libro *Social Responibilities for the Businessman*. En esta obra, se habló por primera vez de la naturaleza de la responsabilidad de los ejecutivos, la cual debe ir más allá del aspecto meramente financiero, buscando ampliar el impacto habitual de la actividad empresarial en favor de un entorno más humano. La responsabilidad social corporativa promueve que las empresas se tomen con mayor seriedad la vida integral de los accionistas y de los colaboradores (Garrido & Paniagua, 2021). Años más delante, en 1970, se produjo la famosa reacción del economista norteamericano Milton Friedman frente a los nuevos planteamientos cercanos a los de H. R. Bowen, en la cual afirmó que la única responsabilidad social de la corporación empresarial es la de incrementar sus utilidades, y este aumento de utilidad beneficiaría, tarde o temprano, a todos los demás actores involucrados en la economía (Friedman, 1970).

A pesar de la influencia del ensayo de Friedman, y del peso que aún ejerce en cualquier discusión sobre la función social de la empresa, la tendencia a ampliar la visión y el espectro de las responsabilidades de la empresa siguió extendiéndose a un grupo considerable de diversos sectores académicos, empresariales y gubernamentales. Un claro reflejo de este nuevo enfoque se puede encontrar en el documento emitido por la Comisión Mundial sobre el Medio Ambiente y el Desarrollo, mejor conocido como el *Informe Brundtland.* En este documento se presentó la definición oficial de "desarrollo sostenible" por primera vez en la historia: "aquel que satisface las necesidades del presente sin comprometer la capacidad de las generaciones futuras de satisfacer las suyas" (*World Commission on Environment and Development*, 1987). Aquí se puede identificar un nuevo intento de reflexionar acerca del "cómo" las empresas logran sus objetivos, es decir, no prestar atención sólo a el "qué" hace la empresa.

En el ámbito del pensamiento empresarial, y no necesariamente como reacción al ensayo de Friedman, Edward Freeman introdujo el ahora extendido concepto de los *stakeholders*. Freeman (1984) presentó su teoría en su ensayo titulado *Strategic management, a stakeholder apporach.* Años más tarde logró formular los elementos básicos de su teoría en "cuatro pilares", que son los siguientes: 1) El argumento de la pregunta abierta; 2) La falacia de separación; 3) La tesis de integración; y 4) El principio de responsabilidad.

El argumento de la pregunta abierta pide que toda decisión de negocios considere su relevancia ética a través de la formulación de cuatro preguntas: 1) ¿Para quién crea o destruye valor esta decisión de negocios? 2) ¿Quién es dañado o beneficiado por esta decisión? 3) ¿Qué derechos son permitidos y que valores actualizados por esta decisión? Y como contraparte: ¿qué derechos son impedidos y que valores omitidos? 4) ¿Qué clase de persona me volveré (o nos volveremos) al tomar esta decisión?

El argumento de la pregunta abierta elimina la separación falaz en el ámbito unitario de la acción humana: aquella separación que distingue un ámbito de negocios de un ámbito ético, como si las decisiones éticas no se ocuparan de temas de negocios, y como si los temas de negocios no tuvieran repercusiones éticas. Contra esta separación falaz, Freeman (1984) propone la tesis de integración de la realidad: negocios y ética existen en el mismo espacio de decisión y acción. Por último, el principio de responsabilidad de Freeman propone que la mayoría de las personas quieren asumir en la mayoría de las ocasiones la responsabilidad por las acciones que realizan. La intuición de Freeman al respecto es tan poderosa como de fácil expresión: las personas no quieren dañar a sus semejantes, pues entienden que ellas mismas son causa de sus acciones y por tanto son responsables de las consecuencias de sus acciones.

Freeman (1984) concluye que, directa o indirectamente, distintos grupos son beneficiados o perjudicados por la operación de un negocio. Y por tanto tienen "algo en juego" (*at stake*) en la operación del negocio. Por supuesto, esta interconectividad implica también que el éxito o fracaso de una operación empresarial depende en gran medida de la interacción que tenga con estos grupos interesados. La idea de Freeman de los *stakeholders* debería ser un sobreentendido: proveedores, clientes, empleados, inversionistas, acreedores, y ciudadanía en general tienen algo en juego en la operación de muchos negocios.

Años más tarde, en 2011, Michael Porter y Mark Kramer acuñaron el ahora popular concepto de *valor compartido*: para que un negocio pueda ser exitoso, no basta con que se concentre en generar valor para los accionistas, sino que debe poner atención al valor que puede generar para los accionistas y para la sociedad en general. Negocios sostenibles en el largo plazo requieren de comunidades que sean sostenibles también. Para ello, el valor generado por el negocio debe beneficiar también a la comunidad (Porter & Kramer, 2011).

Porter y Kramer (2011) critican la que consideran una visión equivocada de responsabilidad social corporativa, que promueve esta responsabilidad por alguno de los cuatro siguientes motivos: obligación moral, sustentabilidad, licencia para operar y prestigio. En su opinión, el error de todas estas motivaciones es que ven a la responsabilidad social corporativa como un costo y un peso para la empresa; en vocabulario ético tradicional: ven a la responsabilidad social corporativa como un mal necesario. Por el contrario, Porter y Kramer piensan que no hay una relación de hostilidad ni de "suma cero" entre la empresa y el resto de la sociedad: más bien hay una relación de interdependencia y beneficio mutuo. Una empresa exitosa solo puede existir en el largo plazo en una comunidad exitosa; y los beneficios de la empresa necesariamente se vierten en beneficio del resto de la comunidad, pues la empresa provee empleo, realiza inversiones de capital, y adquiere bienes y servicios en el seno de la comunidad donde opera. De este modo, los autores subrayan la necesidad de interacción entre las empresas y sus respetivas comunidades, o bien entre las empresas y la sociedad en mayor escala.

Ahora bien, fue hasta el año 2014, según se indicó al comienzo, que Nuria Chinchilla y Esther Jiménez introdujeron el concepto de *Responsabilidad Familiar Corporativa*. En la actualidad, hablar de "sostenibilidad" es hablar en términos del esfuerzo por cuidar el impacto que tienen las empresas en tres grandes áreas: Ambiente, Sociedad y Gobernanza (ASG, por sus siglas en español; ESG, por sus siglas en inglés). El acrónimo, como es bien sabido, fue acuñado en enero de 2004 en el marco de una reunión global de líderes empresariales convocada y auspiciada por el entonces Secretario General de la ONU, Kofi Annan. La reunión llevó como título y divisa *Who cares Wins* (algo así como "quien se preocupa por algo más que los rendimientos, gana"). La idea de Annan era discutir con los altos directivos qué papel debe jugar la empresa en la sociedad. A raíz de esta discusión se definieron tres grandes rubros de impacto que dieron lugar al acrónimo ASG (Chinchilla & Jiménez, 2014).

La A que corresponde a medio ambiente se refiere por supuesto al impacto ambiental de la actividad empresarial e industrial, y enfrenta como su reto más importante la necesaria transformación energética que logre poco a poco utilizar cada vez menos hidrocarburos como fuente principal de energía. Pero la noción de sustentabilidad implica en general la del cuidado del medio ambiente y los recursos naturales, siendo los más importantes el agua, el aire, la tierra fértil y la biodiversidad.

El rubro social S se refiere al impacto que las empresas tienen en primer lugar en la vida de los trabajadores, pero también en la vida de las comunidades: la explotación laboral, la remuneración inadecuada, los trabajos de alto riesgo o la falta de protección social, son todos aspectos que dañan a los trabajadores y a sus familias.

Por último, la G se refiere a la gobernanza, es decir, al modo en que se administra y ejerce el poder dentro de la empresa; el modo cómo se organizan las jerarquías y se atribuyen las responsabilidades; cómo se generan mecanismos de control, fiscalización y rendición de cuentas. En cierto sentido la G implica a las otras dos letras, la A y la S, porque es través de la gobernanza que se definen las políticas de sustentabilidad y de trato justo a los trabajadores.

En suma, se puede afirmar que a partir de mediados del siglo XX se fue desarrollando una nueva lógica de ampliación del concepto de responsabilidad a modo de círculos concéntricos: 1) desde la óptica de las visiones reduccionistas que priorizan el aumento de las utilidades frente a los accionistas; 2) desde la óptica del impacto del *modus operandi* de la empresa en el medio ambiente y en su entorno inmediato; 3) desde la óptica del bienestar de los colaboradores de la empresa, de los clientes o usuarios; 4) hasta finalmente llegar a plantear la responsabilidad desde la óptica del bienestar de las familias concretas de los colaboradores y del impacto que este "cuidado" tendría en sus respectivas comunidades.

2.2. La Responsabilidad Familiar Corporativa frente a la Ética Empresarial

Ciertamente, un número considerable de los argumentos de fondo utilizados para defender la validez de la *Responsabilidad Social Corporativa*, así como de la sostenibilidad, afirman que el cuidado del propio entorno natural y humano se torna, en el largo plazo, en claros y medibles beneficios para las empresas. Así expresada, esta idea medular no se contrapone ni invalida el ideario empresarial en cuanto institución necesaria para el desarrollo integral de las naciones y de las personas que las habitan. Sin embargo, se corre el riesgo de plantear implícitamente que la empresa se encuentra en el centro del sistema humano, a cuyo alrededor han de girar el resto de los sistemas y subsistemas.

Por ello, el concepto de *Responsabilidad Familiar Corporativa* planteado por Chinchilla y Jiménez (2014) puede ser entendido como un auténtico giro "copernicano", en el sentido de que se atreve a colocar a la empresa como un actor, relevante sin duda, cuya función es periférica, es decir, no es el centro absoluto del quehacer humano. Más bien, es comprendida como una institución intermedia cuyo quehacer natural es centrífugo: depende de realidades externas a ella misma. ¿A qué realidad nos referimos? Sin duda, a la familia de los colaboradores, a la cual la empresa ha de favorecer de modo prioritario, pues ésta es anterior a la realidad de la empresa. En efecto, la familia es la fuente de toda la riqueza de lo humano en el sentido radical y profundo del término. En palabras textuales de Rafael Alvira (2004): "el lugar propio y primario del devenir del individuo y de la sociedad" (p. 23).

Esta nueva manera de entender la lógica empresarial, a saber, no como un fin sino como un medio, entraña en su semántica una lógica profundamente ética, pues esta disciplina filosófica, aplicada a la acción empresarial, pone de manifiesto la responsabilidad comenzando por los *efectos primarios*, así como los *efectos secundarios*, de la acción humana tanto *intencionales* como *no intencionales*. Como es sabido, el grado de imputabilidad de las consecuencias de la acción viene determinado por el grado de conocimiento o advertencia que se tenga de tales consecuencias. A esto se añade el grado de consentimiento o aprobación que el sujeto tenga acerca de tales consecuencias (Melé, 2020; Weiss, 2009).

En el tema que nos compete, a saber, la *Responsabilidad Familiar Corporativa*, es de suma importancia tener total claridad sobre el efecto primario de la acción empresarial, en cuanto efecto "evidentemente" buscado. Sin embargo, la experiencia nos indica que de un mismo acto se pueden derivar tanto efectos primarios como secundarios, y que de estos algunos pueden ser intencionales y no intencionales. Ante esta realidad, la ética como disciplina filosófica ha desarrollado el concepto de "responsabilidad" por el efecto voluntario indirecto o, en otros términos, la responsabilidad por los efectos secundarios intencionales o no intencionales, ya sean buenos o malos (Melé 2020; Sada 1997).

Siguiendo a Domènec Melé (2020), una persona sería responsable de los efectos secundarios de su acción si:

a. Si tales efectos son razonablemente previsibles o evitables.

b. Si existe proximidad causal entre la acción y sus consecuencias.

c. Si existe capacidad técnica para evitarlos.

d. Si tiene un cargo o posición que le permitiría evitarlos.

e. Si hay desproporción entre el bien que se logra con el efecto primario y el mal que se provoca con los efectos secundarios.

Ahora bien, el trabajo que se desarrolla en la empresa en cuanto acción humana tiene unos efectos claramente intencionales: satisfacer unas "necesidades" de la clientela y obtener una "utilidades". Pero al mismo tiempo, de modo claro y conciso, el logro de dichos efectos primarios puede generar múltiples efectos secundarios, tanto positivos como negativos, como se puede ver en el Cuadro 2:

Cuadro 2:

Efectos **secundarios positivos** del trabajo en la empresa (lista no exhaustiva)	Efectos **secundarios negativos** del trabajo en la empresa (lista no exhaustiva)
• Generación de empleo • Aumento de la competitividad del sector empresarial respectivo • Ingresos para los proveedores • Pago de impuestos • Satisfacción y sentido de pertenencia de los colaboradores • Oportunidad de filantropía	• Contaminación ambiental • Estrés de los colaboradores y sus efectos colaterales a nivel físico y psicológico • Conflicto trabajo-familia

Si se aplican los criterios indicados en el Cuadro 2 para determinar el grado de "responsabilidad" por aquellos efectos secundarios negativos producidos por el quehacer empresarial en la vida de una persona concreta, queda de manifiesto que la misma empresa ha de asumir su responsabilidad correspondiente.

Es razonablemente previsible que determinadas prácticas laborales generan un cierto estrés y desconcierto, tan extendido en nuestras sociedades democráticas, en particular en las grandes ciudades. Los ejemplos son por demás extensos: jornadas laborales excesivamente largas; traslados extensos en medio de tráficos interminables; falta de flexibilidades de parte del sector gerencial con respeto a horarios o ausencias; postergación injustificada de la toma de vacaciones, entre otros. Consecuentemente, también es razonablemente previsible que dichas (deficientes) prácticas laborales generen un marcado conflicto en el binomio trabajo-familia que normalmente es generado (al menos en el contexto explicado) por parte de la empresa.

En ese sentido, la evidencia nos muestra que en la mayoría de los casos el estrés de los colaboradores tiene como fuente principal el "estilo" mismo del trabajo o actividad laboral en cuestión. Ahora bien, no se descartan casos en los que el estrés provenga en su mayoría de las condiciones personales o familiares, ya sea adversas o inciertas, con las que cuenta el colaborador. En cualquier caso, según Jeffrey Pfeffer (2020), el trabajo es la principal fuente de generación de patologías socio-culturales en el siglo XXI.

En lo relativo a la capacidad técnica que pueda presentar la misma empresa para evitar este tipo de "patologías", es necesaria una profunda reflexión sobre la capacidad que actualización que ha de tener el sector gerencial o de liderazgo acerca de las nuevas tendencias de integración entre la vida laboral y la vida familiar y doméstica. Es sabido que el estilo de liderazgo que se consolidó en la época de la postguerra –y de su consecuente *boom* económico–, basado en las horas laborales ejercidas *in situ*, con horarios y actividades preestablecidas, representará un gran reto para el nuevo liderazgo más acorde al concepto de Responsabilidad Familiar Corporativa. Quizás un modo de abrir la discusión sería estableciendo un criterio rector que ponga en el centro el concepto de *flexibilidad*. Es decir, es imperativo ser *flexible con la flexibilidad*. ¿En qué sentido? No todas las políticas o prácticas que la favorezcan son aplicables a cualquier empresa, ni a todos los giros, ni a todas las modalidades de trabajo. Sin embargo, la flexibilidad en cuanto concepto relativo a la vida real de las personas abre un panorama inmenso e inexplorado que promete generar una nueva cultura laboral que a todos guste, exija y motive.

Con respeto al cargo o posición que permita una correcta toma de decisiones que evite lo que hemos llamado *efectos secundarios*, es lógico que el ejemplo en favor de este nuevo estilo de hacer empresa ha de provenir del más alto nivel de liderazgo –según tipo de empresa y giro– el cual se decante por desarrollar nuevas formas de organización laboral; de introducir nuevos estilos de colaboraciones, orientadas a las personas y no sólo a los resultados, que de alguna manera vayan más en consonancia con la integración de la vida persona, la vida familiar y la vida doméstica. La razón de esto es que, aun contando con un listado determinado de políticas que favorezcan dicha integración, será responsabilidad del sector gerencial o de liderazgo (independientemente su nivel jerárquico) su correcta aplicación y ejecución. En esa misma línea, se deriva la necesidad de lo ahora denominamos *Family Supportive Supervisor Behaviors* (Hammer et al., 2009).

Ahora bien, la desproporción que se puede generar entre el bien conscientemente causado con el *efecto primario* y el mal (no necesariamente intencionado) que se provoca por el *efecto secundario*, puede ser motivo de confusión y complejidad, razón por la cual una visión más detallada del mismo se muestra necesaria. Cualquier situación puede ser motivo para muchos –en particular, desde una visión pragmática– de que el logro del efecto primario bueno vale el costo de los efectos secundarios malos. La respuesta a este dilema ha de venir desde la virtud de la prudencia, desde la sabiduría de aquel que desea resolver el dilema a profundidad y no de modo superficial.

Siempre habrá quienes favorezcan la noción de crecimiento "infinito" de la empresa sin tomar en cuenta el desgaste que represente para los colaboradores, para sus familias, para sus comunidades, y, ultimadamente, para el planeta. Incluso, habrá colaboradores a vieja usanza que verán dicho desgaste como algo necesario, imposible de evitar, incluso heroico y meritorio: "la sensación de estar ocupado actúa en las sociedades modernas como un tranquilizante ante el vacío existencial [y que] quien se queja de *no tener ni un minuto* a veces lo hace como una forma de elogiarse a sí mismo" (ACEPRENSA, 2014).

Sin embargo, la pregunta para reflexionar sigue de algún modo vigente: ¿realmente el crecimiento económico, personal o de la empresa, valen el costo de una salud deteriorada, de un matrimonio disfuncional o destruido, o de una familia desintegrada? Responder a este cuestionamiento nos remite a un contexto de mayor profundidad que permita una discusión de mayor amplitud desde la filosofía social y política, así como de la ética social y empresarial. En cualquier caso, el sentido de la pregunta y de su posible respuesta se puede direccionar desde la noción trascedente de la vida, del sentido del trabajo y, principalmente de la noción clásica de *eudaimonia*, a saber, la vida lograda.

2.3. La Responsabilidad Familiar Corporativa frente al sentido de la vida familiar

Según Antonio Argandoña (2017), el trabajo humano tiene una *dimensión objetiva* y una *dimensión subjetiva*. Por un lado, la dimensión objetiva hace referencia al resultado final que deviene del trabajo en cuestión, ya sea "tangible" o "intangible", mediante la transformación de bienes concretos, servicios o recursos. Por otro, la dimensión subjetiva apunta hacia la "transformación" que experimenta quien trabaja, mientras trabaja. Se está haciendo referencia a los efectos "intrínsecos" del trabajo en sí, como, por ejemplo: el aprendizaje adquirido al momento de la operación; el forjamiento de la carácter e identidad del trabajador, la cual deviene en un cierto prestigio frente a la sociedad; la ampliación de miras trascendentes como resultado de la experiencia que abre nuevos y futuros horizontes, entre otros.

Sin embargo, tanto la dimensión objetiva como la subjetiva no ocurren en un vacío y esto no se refiere sólo lo elemental que sería la necesidad de unos colaboradores, los miembros del equipo con quienes trabajamos codo a codo. Se refiere sobre todo a esa dimensión fundamental que hace posible el trabajo y que es el mundo del hogar, de la familia y del cuidado. Se ha dicho que sin "cuidado" no existe el trabajo pues para que cada colaborador llegue puntual, sano y motivado al trabajo se requiere de todo ese mundo de partida y de soporte material, corporal y psicológico.

Pero el hogar y la familia no son sólo la fuente de ese soporte indispensable, sino que son, a la vez, el sentido o finalidad profunda de quien trabaja. Al final de cuentas se trabaja para facilitar y expresar el amor y las personas a quienes se ama, en el sentido más profundamente humano del término, no están en la oficina ni en la fábrica sino en casa.

Sin la noción de cuidado en la vida personal del colaborador, éste se muestra incapaz de cumplir con los mínimos indispensables en lo relativo a la formalidad, la puntualidad, la sana motivación para realizar un trabajo "bien hecho". También, la falta de cuidado y atención del colaborador le hacen vulnerable frente a los emergentes avatares de la sociedad contemporánea en lo material, el ámbito psicológico y afectivo.

En efecto, el hogar familiar, la vida de los cónyuges y el bienestar de la prole son *de facto* la base de dicha noción de cuidado y atención que todo ser humana aspira a vivir y perpetuar en la existencia, pues éstas también dan sentido y finalidad a la vida de quien trabaja. Ciertamente, se trabaja para que el resultado objetivo y subjetivo de éste expresen de modo claro el amor y el deseo de entrega de quienes trabajan y para quienes se trabaja, en un sentido existencial y radical gozoso de una profundidad humana muy superior a la que experimentamos en el mundo corporativo. Así lo ha explicado desde hace varias décadas el filósofo español Rafael Alvira (2001):

> La tragedia de cierta modernidad –igual liberal que socialista– está en haber declarado que la economía es lo primario." (…) como digo, tampoco el esfuerzo, el trabajo de construcción del edificio, ni de nada, tienen sentido ni pueden dar felicidad, si no es para el único fin válido: habitar. Por eso, bajo la apariencia de una civilización del trabajo y la actividad, vivimos, en realidad, en una sociedad bastante dominada por el activismo y la pereza. O, simplemente, por la pereza, pues el activismo es una forma de ella. No hay que hacer muchas cosas, sino sólo una y bien hecha: trabajar para habitar, para la casa. Para la familia, en primer lugar, y para las otras instituciones sociales también, que sólo lo son en verdad, y sólo estimulan el trabajo bien hecho, si podemos considerarlas –en sentido más amplio– como nuestra casa.

Conclusión

En el presente texto se han realizado algunos apuntes introductorios acerca del diálogo disciplinar entre la Responsabilidad Familiar Corporativa, Ética Empresarial y la Vida Familiar. Sin lugar a dudas, dicho diálogo representará para las generaciones venideras un auténtico cambio paradigmático. Éste sería dejar de ver a la empresa como un fin en sí mismo o como el centro de la realidad social, pasando a entenderla como un medio para abocarse a un fin mucho más superior: lograr que sus colaboradores se conviertan en auténticos habitantes de sus hogares, protagonistas del cuidado de sus familiares y promotores de la felicidad de su entorno inmediato comunitario. Esto se lograría, siguiendo la teoría de responsabilidad ética, indicando el camino a las empresas en la toma de medidas de valor que eviten, o minimicen, los efectos negativos secundarios, pero procurando exaltar los efectos positivos primarios del trabajo en la vida de sus colaboradores, principalmente en lo referente al desarrollo integral de la persona, de su trabajo, de su vida familiar, y finalmente de la sociedad.

Referencias

Alvira, R. (2001). *Filosofía de la vida cotidiana*. Ediciones RIALP.

Alvira, R. (2004). *El lugar al que se vuelve*. EUNSA.

Argandoña, A. (2017). El trabajo en la empresa: acción colectiva y bien común. En *Documento de Investigación WP-1189 IESE Business School* (pp. 1-19).
https://media.iese.edu/research/pdfs/WP-1186.pdf

Chinchilla, N., & Jiménez, E. (2014). La responsabilidad familiar corporativa, núcleo de la responsabilidad social. En *Nota Técnica DPON-1190 IESE Bussiness School* (pp. 1-18).

Freeman, R. (1984). *Strategic Management: A Stakeholder Approach*. Pitman Press.

Friedman, M. (1970, septiembre 13). The social responsibility of business is to increase its profits. *The New York Times Magazine*.

Garrido, E., & Paniagua, R. (2021). Una visión práctica de la sostenibilidad. En *Nota Técnica*. San Telmo Business School.

Hammer, L., Kossek, E., Yragui, N., Bodner, T., & Ginger, C. (2009). Development and Validation of a Multidimensional Measure of Family Supportive Supervisor Behaviors (FSSB). *Journal of Management, 35*(4), 837-856.

Melé, D. (2020). *Business Ethics in Action*. Red Globe Press.

Orgullosos de estar agobiados. (2014, julio 14). ACEPRENSA.
https://www.aceprensa.com/familia/orgullosos-de-estar-agobiados/

Pfeffer, J. (2020). *El trabajo nos está matando y a nadie le importa*. LIID Editorial.

Porter, M., & Kramer, M. (2011). Creating Shared Value. *Harvard Business Review*.

Sada, R. (1997). *Curso de ética general y aplicada*. Minos Tercer Milenio.

Thompson, C., Beauvais, L., & Lyness, K. (1999). When Work-Family Benefits Are Not Enough: The Influence of Work-Family Culture on Benefit Utilization, Organizational Attachment, and Work-Family Conflict. *Journal of Vocational Behavior, 54*, 392-415.

Weiss, J. (2009). *Business Ethics*. South-Western Cengage Learning.

World Commission on Environment and Development. (1987).
https://reports.weforum.org/global-competitiveness-report-2014-2015/defining-sustainable-competitiveness/#view/fn-8